SEHNSUCHT

nach Seiner

WIEDERKUNFT

Verzeichnis bisher erschienener Bücher und Booklets von Derek Prince

Bücher:

Allein durch Gnade
Als Salz und Licht leben
Bibelkurs zum Selbststudium
Biblische Prophetie und der Nahe Osten
Bittere Oasen
Braucht Ihre Zunge Heilung?
Danksagung, Lobpreis und Anbetung
Das Wesen Gottes entdecken
Das Wort Gottes proklamieren
Der Anfang der Weisheit
Der Ehebund im Lichte Gottes
Der Heilige Geist in Ihnen
Die Gaben des Heiligen Geistes
Die Gemeinde I / Einführung/Ämter
Die Gemeinde II / Die wahre und die falsche Gemeinde
Die Waffe des Betens und Fastens
Die Zukunft Israels und der Gemeinde
Du erquickst meine Seele
Ehemänner und Väter
Flüche – Ursache und Überwindung
Fundamente des christlichen Glaubens
Für Gott abgesondert
Für's Leben verändert
Geheimnisse eines Gebetskämpfers
Geistliche Kampfführung für die Endzeit
Gott stiftet Ehen
Gottes Erfolgsstrategie für Ihr Leben
Gottes Verheißung göttlicher Versorgung
Gottes Wort heilt
Grundsteine
Heirat, Scheidung und Wiederheirat
Ihr werdet Kraft empfangen!
In Gottes Gegenwart eintreten
Leben aus Glauben
Luzifer ist entlarvt
Partner fürs Leben
Prophetischer Leitfaden für die Endzeit
Richten – Wann? Warum? Wie?
Schutz vor Verführung
Segen oder Fluch – Sie haben die Wahl
Sehnsucht nach Seiner Wiederkunft
Sie sind Gott enorm wichtig
Sie werden Dämonen austreiben
Sühne – Ihre persönliche Begegnung mit Gott
Tod, wo ist dein Stachel?
Um der Engel willen
Vergäße ich dein, Jerusalem
Wer bin ich? / Entdecken Sie sich im Spiegel Gottes
Zum Überwinden berufen

Serie „Nachfolge Konkret"

Angenommen vom Vater
Antisemitismus – der Anteil der Christen
Auf der Suche nach der Wahrheit
Biblische Grundlagen für den Befreiungsdienst
Bis die Zeit vollendet ist
Christus herrscht inmitten Seiner Feinde
Das Tal der Entscheidung
Deine Berufung ist heilig
Der Endzeit entgegen
Der Weg nach oben führt nach unten
Eine verständige Frau ist vom Herrn
Er ist auferstanden
Fest in Seiner Hand
Für Gott gibt es keine Kluft zwischen den Generationen
Gewissheit in der Endzeit
Im Ebenbild Gottes
Kommt der Antichrist aus Europa?
Mein Körper, mein Geist und meine Seele
Pilgerreise durch den Römerbrief
Prophetische Sicht für unsere heutige Zeit
Schwerter des Geistes
Sicher in unsicheren Zeiten
Sie und Ihr Haus
Standfest im geistlichen Kampf
Überwindendes Gebet
Vergebung – Zurück zur Einheit
Wachsen in der Furcht des Herrn!
Wahrheit, Glaube, Liebe – Ziele, die Gott mir gab
Warum Israel?

Booklets:

Fürbitter Gottes
Gottes Arznei
Gott, mein Vater
Gottes Plan für Ihre Finanzen
Der Tausch am Kreuz
Die drei mächtigsten Worte
Die Macht des Opfers
Die Verführung des Humanismus
Wer kümmert sich um die Waisen, Witwen, die Armen und Unterdrückten?
Philosophie, die Bibel und das Übernatürliche
Was wir Israel schuldig sind
Für die Regierung beten

**Hunderte von Audio- und Videobotschaften von Derek Prince unter
www.ibl-dpm.net**

DEREK PRINCE

SEHNSUCHT
nach Seiner
WIEDERKUNFT

Hoffnung und Sieg in der
Verheißung der Wiederkunft
Christi finden

Internationaler Bibellehrdienst

SEHNSUCHT NACH SEINER
WIEDERKUNFT – *Hoffnung und Sieg in der
Verheißung der Wiederkunft Christi finden*

(Ursprünglich auf Englisch veröffentlicht
von Destiny Image unter dem Titel
Longing for His Appearing)

© 2018 by
Derek Prince Ministries–International
© der deutschen Fassung:
2019 Internationaler Bibellehrdienst e. V.
D-83308 Trostberg

Übersetzung: Anna Symonds
Layout: Ewald Sutter, Azar GbR
Druck: CPI books GmbH, 25917 Leck
Coverfoto vom englischen Original,
veröffentlicht durch „Destiny Image"
Cover Design: Eileen Rockwell

ISBN: 978-3-944602-29-5

1. Auflage August 2019

IBL-Deutschland
Söldenhofstr. 10
83308 Trostberg
Telefon: 0 86 21 – 6 41 46
Fax: 0 86 21 – 6 41 47
E-Mail: ibl@ibl-dpm.net

IBL-Schweiz
Alpenblick 8
CH-8934 Knonau
Telefon: +41 (44) 7 68 25 06
E-Mail: dpm-ch@ibl-dpm.net

Internet:
www.ibl-dpm.net

Inhalt

Haben Sie Sehnsucht?

Nach den vielen Jahren, in denen ich die Schrift studiert habe, bin ich immer noch stets erstaunt, wie praxisbezogen Gott ist. Sogar bei den geistlichsten und himmlischsten Themen der Bibel, scheint sich eine praktische Anwendung immer als eine Hilfe dafür zu erweisen, die biblischen Prinzipien in unserem Leben hier auf der Erde anzuwenden. Bei dem Thema dieser Studie, *Sehnsucht nach Seiner Wiederkunft*, ist es nicht anders. Vielmehr ist es meine Hoffnung, dass Ihnen das Thema eine solche Bereicherung sein wird, wie es mir war. Es hat meine gesamte Haltung gegenüber dem Kommen des Herrn verändert.

Ein persönliches Erlebnis

Das Erscheinen Christi und Seine letztendliche Wiederkunft in Herrlichkeit ist eines der bedeutendsten Ereignisse, das in der Bibel vorausgesagt wird. Jahrhunderte lang war es ein Thema endloser Hinterfragungen, Debatten und Spekulationen. Mein Ziel im Schreiben dieses Buches ist jedoch, das Thema auf eine weniger abstrakte oder theoretische, sondern vielmehr praktische Weise zu behandeln. Es ist mein Ziel, zu zeigen, wie die Wiederkunft Christi uns ganz persönlich betrifft – einschließlich der Art und Weise, wie wir im Hier und Jetzt leben. Es ist nicht bloß ein Ereignis, das in ungewisser Zukunft stattfinden wird. Die Wiederkunft Jesu ist vielmehr, auch heute schon, ein maßgebender Faktor in unserem Leben.

Als ich das Material für diese Studie erarbeitet habe, wurde mir die Realität der Wiederkunft des Herrn verstärkt wichtig. Als der Heilige Geist das erste Mal das Thema auf mein Herz legte, verweilte es lediglich eine Weile in meinen Gedanken. Über die Jahre habe ich erkannt, dass dieses „Verweilen" ein Hinweis dafür ist, dass der Herr mich tiefer in ein Thema hineinnehmen möchte. Allmählich wurde die Wiederkunft Christi der Fokus tiefen Nachsinnens und intensiven Studierens der Schrift, und dieser Prozess führte mich schlussendlich zu einer ernsthaften Selbstprüfung. Letzten Endes wurde mir klar, dass ich mit einer der wichtigsten Fragen, der ich jemals gegenüberstehen würde, konfrontiert war: *Sehne ich mich tatsächlich nach der Wiederkunft des Herrn?* Ich werde Ihnen die gleiche Frage stellen, die mir der Herr stellte: *Sehnen Sie sich nach Seiner Wiederkunft?*

Zum jetzigen Zeitpunkt fühlen Sie sich vielleicht über Ihre Antwort auf diese erste Frage verunsichert. So habe ich mich auch gefühlt! Ich glaube nichtsdestotrotz, dass sich durch das Lesen dieses Buches und das in Erwägung ziehen dessen Botschaft eine andere Antwort in Ihrem Herzen sowie in Ihrem Verstand Gestalt annehmen wird – eine Antwort, die den Blick auf das Leben für immer verändern wird. Sollen wir beginnen? Jetzt ist die beste Zeit, die *Sehnsucht nach Seiner Wiederkunft* zu entfachen.

Kapitel 1

Die richtige Perspektive

Warum sollten wir unser Leben auf die Wiederkunft des Herrn Jesus fokussieren? Wir können bereits einen Grund am Beispiel der frühen Gemeinde erkennen.

Durch mein Studieren der Bibel bin ich zu der Überzeugung gekommen, dass die Haltung der frühen Gemeinde bezüglich des ersehnten Erscheinens des Herrn Jesus eine treibende Kraft war, die sie dazu motivierte, das Evangelium schleunigst zu verbreiten. Dementgegen bin ich zu der Erkenntnis gekommen, dass der Mangel dieser Haltung einer der Gründe ist, warum die moderne Gemeinde heutzutage in ihrer Mission so lauwarm und erfolglos ist.

Lassen Sie uns nun mit dem erwähnten Kontrast im Hinterkopf dieses wichtige Thema unter die Lupe nehmen. Ich möchte das, was ich zuvor sagte, hervorheben – unsere Herangehensweise an das Thema wird nicht abstrakt oder theoretisch sein, sondern äußerst anwendungsorientiert. Wir werden erkennen, wie es uns auf persönlicher Ebene betrifft und sogar unsere Lebensweise beeinflusst. Meine Hoffnung für dieses Buch ist, dass das Thema Ihnen so behilflich sein wird, wie es mir war. Lassen Sie uns beginnen und noch einmal die Schlüsselfrage stellen: *Sehnen Sie sich nach Seiner Wiederkunft?*

Das Beispiel von Paulus

Der Apostel Paulus bietet uns ein gezieltes Beispiel. Als Paulus vor dem Ende seines Lebens stand, schrieb er eine der bewegendsten Passagen der ganzen Bibel, zu finden in 2. Timotheus 4, 6–8. Zu dieser Zeit war Paulus ein Gefangener in Rom und stand einem Prozess und einer endgültigen Hinrichtung durch Kaiser Nero gegenüber. Es ist wichtig, dass wir uns bewusst machen, dass Nero wahrscheinlich der bösartigste Herrscher in der Geschichte der Menschheit war – ein vollkommen gottloser und ungerechter Mann. Diese Tatsache hilft uns, die Tragweite der Worte Paulus' im Licht dieser gottlosen Situation besser zu verstehen.

Denn ich werde schon als Trankopfer gesprengt, und die Zeit meines Abscheidens ist vorhanden. Ich habe den guten Kampf gekämpft, ich habe den Lauf vollendet, ich habe den Glauben bewahrt; fortan liegt mir bereit die Krone der Gerechtigkeit, welche der Herr, der gerechte Richter, mir zur Vergeltung geben wird an jenem Tage; nicht allein aber mir, sondern auch allen, die seine Erscheinung lieben.

Eine Zeit der Freisetzung

Was Paulus in dieser bemerkenswerten Passage sagt, bezieht sich bereits direkt auf einige Aspekte unseres Studiums des Themas *Sehnsucht nach Seiner Wiederkunft*. Während er im Gefängnis wartet und über seine Hinrichtung nachdenkt, blickt Paulus zum einen zurück auf sein Leben sowie voraus in die Ewigkeit. Im Wesentlichen sagt er Timotheus und uns „Lebe wohl", mit einigen seiner bedeutungsvollsten Worte, die er jemals geschrieben hat.

Mit diesem Gedanken im Hinterkopf müssen wir diese Passage genauer betrachten – angefangen mit dem ersten Vers. Hier teilt Paulus mit uns, welche Gedanken ihm gegenwärtig durch den Kopf gehen:

Denn ich werde schon als Trankopfer gesprengt, und die Zeit meines Abscheidens ist vorhanden. (2. Timotheus 4,6)

Als ich diesen Vers im Griechischen untersuchte, fiel mir auf, dass *Freisetzung* eine bessere Übersetzung für das Wort *Abscheiden* wäre. Das Wort *Abscheiden* beinhaltet in sich nicht die Bewertung darüber, ob es ein gutes oder schlechtes Abscheiden sein wird. Das Wort *Freisetzung* deutet jedoch darauf hin, dass Paulus sich nach einer Befreiung von seinem Körper sehnte – dem Körper, in dem er dem Herrn viele Jahre treu gedient hatte.

Ein ausgegossenes Leben

Ich liebe Paulus' wehmütigen Worte, „*Denn ich werde schon als Trankopfer gesprengt*". Ein Trankopfer war eines der Opfergaben der levitischen Priesterschaft, vorrangig im 3. Buch Mose beschrieben. Paulus war sich als hingegebener Jude sehr bewusst, dass es primäre Opfergaben wie geschlachtete Tiere und Vögel, sowie auch andere Opfergaben wie Getreide oder gebackenes Mehl gab. Paulus wusste ebenso, dass Gott angeordnet hatte, die meisten Opfer gemeinsam mit einem Trankopfer darzubieten – einer Portion Wein, die zusammen mit dem bestimmten Opfer ausgegossen werden sollte.

Als Paulus an sich selbst dachte oder von sich und seinem Leben sprach, war er in seinen Gedanken auf dieses Trankopfer fokussiert. Er stellte sich vor, wie sein eigenes Lebensblut im Märtyrertod ausgegossen wird. Ein solches „Trankopfer" würde das Opfer versiegeln, das er Gott bereits Tag für Tag dargeboten hatte – das Opfer der Früchte seines Dienstes.

Ich möchte behaupten, dass es wirklich nur ein paar wenige Opfer gibt, die Bedeutung haben oder Gott wohlgefällig sind, wenn sie nicht in Begleitung des Trankopfers eines hingegebenen Lebens dargebracht werden. Wenn man sich die Dienste anschaut, die tatsächlich die Welt verändert und das Leben von Menschen berührt haben, kristallisiert sich ein steter Faktor heraus: In jedem dieser Dienste musste jemand sein ganzes Leben ausgießen. Diese Menschen waren nicht unbedingt Märtyrer, jedoch gossen sie im selbstlosen Geben ihrer selbst ihr Leben wie ein Trankopfer aus. Auf dieselbe Weise sollte unser Dienst am Herrn, ganz gleich wie ehrenwert, als Trankopfer geboten werden. Ein Leben, ausgegossen und hingegeben.

Kapitel 2

Den Lauf beenden

In unserem Studium der herausragenden Worte Paulus' in 2. Timotheus wenden wir uns nun von seinem Fokus auf das Gegenwärtige zu seinen Erinnerungen und Beurteilungen der Vergangenheit. Wir sehen dies in Vers 7, wo Paulus die meiner Meinung nach siegreichsten Worte, die jemals von einem Menschen verfasst wurden, schreibt.

Behalten Sie die Realität seiner Lage im Hinterkopf. Er war in die Jahre gekommen, zum Teil gebrechlich. Er sah Winterbedingungen ins Auge, ihm war in dem feuchten Gefängnis offensichtlich kalt. Er hatte keine angemessene Kleidung. (Wir wissen das, da er Timotheus eine dringende Nachricht sandte, mit der Bitte, ihm beim nächsten Besuch einen Mantel mitzubringen.) Darüber hinaus war Paulus ganz allein. Die meisten seiner nahestehenden Verbündeten hatten ihn im Stich gelassen.

Gemessen an dem Standard der Welt endete sein Leben in völligem Versagen. Er war sich jedoch im Klaren darüber, dass der weltliche Maßstab für Erfolg nicht der höchste Standard war. Daher finden wir in diesem Brief auch keinen einzigen Hauch des Aufgebens oder Bereuens. Stattdessen verkündet er diese Worte des Triumphs:

Ich habe den guten Kampf gekämpft, ich habe den Lauf vollendet, ich habe den Glauben bewahrt. (2. Timotheus 4,7)

Seit 2000 Jahren bereits haben diese Worte Gläubigen Kraft, Mut und Entschlossenheit gegeben, bis zum Ende auszuharren. Im Griechischen ist jeder Satz im Perfekt verfasst. *Es ist vollbracht. Es ist erledigt.* Ich möchte Ihnen nahelegen, wenn Sie den Lauf vollenden und den Glauben bewahren möchten, dann müssen Sie den Kampf kämpfen! Konflikte sind ein wesentlicher Aspekt des christlichen Lebens. Ich habe schon oft gesagt, dass ich denke, dass Sie ohne Theologie in den Himmel kommen können. Ich bin mir nicht sicher, dass Sie dort auch ohne Mut landen werden. Siegreich das Ende des Lebens zu erreichen ist mehr eine Prüfung des Charakters als des Intellekts.

Die Krone der Gerechtigkeit

Nachdem er über die Vergangenheit reflektiert und von der Gegenwart gesprochen hat, richtet Paulus nun seine Aufmerksamkeit auf die Zukunft – die Ewigkeit. Paulus beginnt Vers 8 in 2. Timotheus 4 mit diesen Worten:

Fortan liegt mir bereit die Krone der Gerechtigkeit.

Das hier verwendete Wort *Krone* spricht nicht von einem königlichen Diadem, das von Königen getragen wurde. Im Neuen Testament werden zwei Wörter mit „Krone" übersetzt. Zum einen das griechische Wort für *Diadem*, eine mit Juwelen geschmückte Krone, die als königliches Zeichen für das Königtum getragen wurde. Die Offenbarung erwähnt, dass auf Jesu Haupt bei Seiner Ankunft viele

Kronen oder Diademe sein werden, weil Er der König aller Könige ist. Er allein hat das Recht, jede Krone zu tragen.

Das Wort, das Paulus in Vers 8 gebraucht, ist jedoch eine andere Art Krone, die auf die Olympischen Spiele jener Tage hinweist. Diese Art Krone war ein Lorbeerkranz – lediglich ein einfacher Lorbeerzweig, der auf die Stirn des Siegers gesetzt wurde, ähnlich der Goldmedaillen in den Olympischen Spielen heutzutage. Würde man die Aussage von Paulus in gewisser Weise modernisieren wollen, wollte er sagen: „Von nun an erwarte ich meine Goldmedaille, weil ich meinen Wettkampf gewonnen habe!"

Nach diesem ersten Gedanken, fährt Paulus in Vers 8 fort und stellt uns eine sehr wichtige Perspektive vor.

Fortan liegt mir bereit die Krone der Gerechtigkeit, welche der Herr, der gerechte Richter, mir zur Vergeltung geben wird an jenem Tage.

Achten Sie auf Paulus' Betonung, dass der Herr der „gerechte Richter" ist. Warum hat Paulus diesen Aspekt hervorgehoben? Weil er vor Nero erschien, einem überaus ungerechten Richter, der ihm ein sehr ungerechtes und grausames Urteil erteilte. Aber Paulus schaute erwartungsvoll auf einen anderen Urteilsspruch voraus, bei dem er die Krone der Gerechtigkeit erhalten würde. In anderen Worten sagte Paulus hier: „Nero hat nicht das letzte Wort. Es steht ein weiterer Urteilsspruch bevor, der vollkommen gerecht sein wird – vor dem Herrn, dem gerechten Richter." Paulus wusste, was der Herr ihm an jenem Tag geben würde. Eine Krone der Gerechtigkeit. Aber dazu gibt es noch mehr zu sagen.

Sein Erscheinen lieben

Im Zusammenhang eines ausgegossenen Lebens in der Gegenwart, eine Erfüllung der Berufung in der Vergangenheit und dem bevorstehenden Lohn in seiner Zukunft, kommt Paulus zu dem Vers, der mich über die Jahre so sehr ergriffen hat – das Konzept, das das Thema dieses Buches, *Sehnsucht nach Seiner Wiederkunft*, ausmacht. Wir werden uns den gesamten Abschnitt erneut anschauen und dann unseren Fokus auf den Teil legen, den ich hervorgehoben habe.

> *Denn ich werde schon als Trankopfer gesprengt, und die Zeit meines Abscheidens ist vorhanden. Ich habe den guten Kampf gekämpft, ich habe den Lauf vollendet, ich habe den Glauben bewahrt; fortan liegt mir bereit die Krone der Gerechtigkeit, welche der Herr, der gerechte Richter, mir zur Vergeltung geben wird an jenem Tage; **nicht allein aber mir, sondern auch allen, die seine Erscheinung lieben.***
>
> (2. Timotheus 4,6-8)

(Anmerkung des Editors: Wie Sie sehen können, heißt dieser Vers in der Elberfelder Übersetzung, „*allen, die seine Erscheinung lieben.*" Das ist eine genaue Übersetzung, allerdings habe ich den Titel dieses Buches, *Sehnsucht nach Seiner Wiederkunft*, der „Hoffnung für Alle" Bibelübersetzung entnommen. Dieser Titel trägt eine etwas stärkere Bedeutung. Dennoch ist die Formulierung, „*die seine Erscheinung lieben*" sehr wichtig.)

Eine besondere Gruppe

Das Wort, welches in der Elberfelder Übersetzung für *Liebe* gebraucht wird, ist *agapao*, welches ein kraftvolles Wort für intensive Liebe ist. Paulus schreibt es im Perfekt (wortwörtlich also: „...*die*

seine Erscheinung geliebt haben"), was eine fest beschlossene und hin-
gegebene Haltung beschreibt. Vielleicht lässt es sich am besten wie
folgt ausdrücken: „Du bist in diesen Gedanken verliebt." Paulus
schreibt von jenen, die in das Erscheinen des Herrn in Seiner Herrlichkeit „verliebt" sind.

Als ich diesen bemerkenswerten Teil des Verses studierte, nahm
ich wahr, dass Gott innerhalb des Leibes Christi eine besondere
Gruppe Gläubiger sieht. Was macht diese Gruppe so besonders?
Sie sind damit gekennzeichnet, dass sie wahrhaftig in die Wiederkunft Jesu verliebt sind. Für diese besonderen Gläubigen hat Gott
eine besondere Ehre – die Krone der Gerechtigkeit. Offenbar wird
diese Krone nicht allen Gläubigen gegeben werden. Vielmehr jenen Gläubigen, die die Wiederkunft des Herrn Jesu in diesem Leben leidenschaftlich geliebt und herbeigesehnt haben. Ich bin sehr
vorsichtig damit, besondere Gruppen Gläubiger innerhalb der Gemeinde hervorzuheben. (Manchmal können besondere Gruppen
zu besonderen Problemen werden!) Aber hier haben wir eine besondere Gruppe, die vom Wort Gottes bestätigt wird. Es ist so, als
würde Gott den ganzen Leib Christi ansehen und sagen: „*Da* ist
eine Schwester, die sich nach Meinem Erscheinen sehnt. *Da* ist ein
Bruder, der sich nach Meinem Erscheinen sehnt." Dann sagt Er zu
den Engeln (oder wer auch immer für diesen Teil der Verwaltung
im Himmel zuständig ist), „Vergesst nicht, ihnen eine Krone der
Gerechtigkeit zu bereiten."

Sind wir qualifiziert?

Als ich über diese Wahrheiten, die ich studierte, nachsann, musste ich mein eigenes Leben unter die Lupe nehmen. Ich musste
mich selbst fragen:

Bin ich qualifiziert? Habe ich das Kennzeichen einer Person, die Seine Wiederkunft liebt?

Dann dachte ich an die vielen Christen, die ich über meine Jahre im Dienst hinweg getroffen hatte und fragte mich selbst: *Wie viele von ihnen sind qualifiziert?*

Ich kam zu diesem Ergebnis: Ich kenne nicht viele, die dieses Unterscheidungsmerkmal tragen – die in die Wiederkunft des Herrn verliebt zu sein scheinen.

Wie steht es um Sie? Was würden Sie antworten? *Sind Sie für diese besondere Würdigung qualifiziert?*

Es ist meine Hoffnung, dass uns der Heilige Geist helfen wird, während wir dieses Thema im hilfreichen Licht der Schrift gemeinsam untersuchen. Er wird uns befähigen, diese überaus wichtige Frage anzugehen und zu beantworten: *Sehnen wir uns nach Seiner Wiederkunft?*

Kapitel 3

Erwartung

Durch das gesamte Neue Testament hindurch sehen wir eine unverkennbare und lebendige Vorfreude auf die Wiederkunft Christi. Trotzdem haben die meisten Christen heutzutage nicht die gleiche Erwartungshaltung. Warum sind wir nicht motiviert, über die Wiederkehr Christi nachzudenken? Warum ist es uns nicht so wichtig, wie es der ersten Gemeinde war?

In diesem Kapitel werden wir beginnen, Lösungen für dieses Dilemma zu erforschen, indem wir uns an die Schrift wenden, angefangen mit Titus 2,11-13:

Denn die Gnade Gottes ist erschienen, heilbringend für alle Menschen, und unterweist uns, auf dass wir, die Gottlosigkeit und die weltlichen Lüste verleugnend, besonnen und gerecht und gottselig leben in dem jetzigen Zeitlauf, indem wir erwarten die glückselige Hoffnung und Erscheinung der Herrlichkeit unseres großen Gottes und Heilandes Jesus Christus.

Paulus schreibt, dass Gnade uns „lehrt". (Wussten Sie, dass Gnade uns lehrt?) Viele Menschen glauben, dass Gnade nur etwas ist, das man empfängt, und dass das alles ist. Die meisten würden zustimmen, dass Gnade kostenlos ist. Man empfängt sie kostenlos und kann sie sich nicht verdienen. Jedoch gibt es mehr dazu zu sagen. Haben Sie einmal Gnade empfangen, legt es Ihnen Verpflichtungen auf.

Vielleicht reagieren Sie nun so: „Verpflichtungen? Aber Sie sagten doch gerade, dass Gnade kostenlos ist!"

Ja, Gnade ist kostenlos – aber nicht billig. Es gibt einen großen Unterschied zwischen kostenlos und billig. Paulus sagte, dass Gottes Gnade erschienen ist und uns lehrt, *„auf dass wir, die Gottlosigkeit und die weltlichen Lüste verleugnend, besonnen und gerecht und gottselig leben in dem jetzigen Zeitlauf"*. Ohne Zweifel sind das keine „billigen" Anforderungen.

Deutlich unterschiedlich

Gnade lehrt uns, wie wir leben sollten. Eindeutig sollten wir nicht wie die Menschen dieser Welt leben. Wir sollten vollkommen anders leben. Trotzdem bin ich mir nicht sicher, ob die meisten Menschen Gottes im Großteil der westlichen Welt so vollkommen anders als die Menschen um sie herum leben. Könnte ein Teil des Problems sein, dass wir nicht die gleiche Erwartungshaltung für die Wiederkunft des Herrn haben?

Einst gab mir jemand eine landesweite Umfrage eines weltlichen Marketingunternehmens. Die Umfrage war in keiner Weise geistlich motiviert; der Zweck war es, zu ermitteln, wie man „wiedergeborenen" Christen Produkte verkaufen kann.

Die allgemein anerkannte Schätzung war, dass es in den Vereinigten Staaten 50 Millionen wiedergeborene Christen gibt. Zu jener Zeit war das ungefähr ein Fünftel der Bevölkerung. Eine derartig beträchtliche Gruppe würde einen bedeutenden Verbrauchermarkt darstellen – definitiv eine Studie wert. Diese säkularen Wirtschaftsexperten wollten wissen, was sie sagen oder tun sollten, um wiedergeborenen Christen Konsumgüter zu verkaufen. Ich konnte sofort erkennen, dass es eine durchaus penetrante Umfrage war, die „wiedergeborene" Christen genau definierte.

Ehrlich gesagt waren die Ergebnisse recht beunruhigend. Hier war das Fazit dieser Vermarkter: *Es gab keinen Unterschied zwischen den wiedergeborenen Christen und anderen Verbrauchern, die nicht behaupteten, wiedergeboren zu sein.* Beide Gruppen schienen ähnlich motiviert zu sein und auf die gleichen Verlockungen und Impulse zu reagieren, weil ihre Standards im Wesentlichen die gleichen waren.

Das ist nicht Gnade. Gnade verändert Menschen.

Die höchste Motivation

Was ist die wahre Motivation für einen Christen, ein völlig anderes Leben als die Welt zu leben? Ich glaube, Paulus beantwortet diese Frage in Titus 2, Vers 13:

Indem wir erwarten die glückselige Hoffnung und Erscheinung der Herrlichkeit unseres großen Gottes und Heilandes Jesus Christus.

Was Paulus in diesem Vers erläutert ist die schlussendliche Motivation für die Art und Weise, wie wir leben. Es ist ein aktives Erwarten der Wiederkunft des Herrn. Wenn wir das Neue Testament analysieren, entdecken wir, dass fast jeder Aufruf zu heiligem Leben mit dem eifrigen Erwarten der Wiederkunft Christi in Beziehung steht. Ich würde behaupten, dass immer, wenn die Gemeinde nicht in dieser Erwartungshaltung lebt, ihre Heiligkeits-Standards unterhalb derer des Neuen Testaments sein werden. Aus irgendeinem Grund haben wir diese Motivation verloren.

Im obigen Abschnitt bezieht sich Paulus auf die Wiederkunft Christi als „die glückselige Hoffnung". Vielleicht fühlen Sie sich jetzt, während Sie das lesen, etwas hoffnungslos. Dieses Gefühl der Hoffnungslosigkeit könnte das Resultat davon sein, wenn man sich nur sein Leben anschaut, so wie es jetzt gerade ist. Jetzt gerade mögen Sie unter Beziehungsproblemen, wirtschaftlichen oder körperlichen Schwierigkeiten leiden. Folglich sehen Sie nicht viele Gründe für Hoffnung, wenn Sie den Horizont Ihres Lebens betrachten.

Unser Blick nach oben

Eine weitere Ursache dieser Hoffnungslosigkeit ist vielleicht, dass Sie in die falsche Richtung schauen. Unsere Zukunftsaussichten mögen dunkel sein – aber unser Blick nach oben ist stets strahlend hell. Kein Christ sollte in Hoffnungslosigkeit leben müssen. Nur die Nicht-Bekehrten sollten hoffnungslos sein. Wenn wir in die falsche Richtung schauen und darauf fokussiert sind, wie die Welt zu leben – wie die wiedergeborenen Christen in der Umfrage – werden wir uns unter den Problemen der Welt abmühen. In dieser Hinsicht ist Hoffnungslosigkeit eines der Hauptprobleme unserer heutigen Generation. Für uns jedoch kann dieses Problem durch unseren Blick nach oben behoben werden, wenn wir „die glückselige Hoffnung" in den Fokus nehmen.

Bitte nehmen Sie zur Kenntnis, dass Paulus in diesem Abschnitt Jesus „*unseren großen Gott und Heiland*" nennt. Dieses Merkmal ist von großer Bedeutung. Warum? Weil Jesus Gott ist. Wenn Sie nicht bereit sind, Ihn Gott zu nennen, frage ich mich, ob Sie Ihn Heiland nennen können – denn letztendlich kann nur Gott uns retten. In

Jesaja 12,2 steht geschrieben: „*Siehe, Gott ist mein Heil.*" Wie auch immer Ihre aktuellen Umstände aussehen, realisieren Sie bitte, dass Sie von nichts und niemandem außer Gott gerettet werden können. Die Gemeinde kann Sie nicht retten; das Gesetz kann Sie nicht retten; Sittlichkeit kann Sie nicht retten. Nur Gott, in der Person Jesus, kann Sie retten.

Zwei unausweichliche Termine

Eine weitere Schriftstelle, die unser Thema „Sehnsucht nach Seiner Wiederkunft" widerhallt, ist Hebräer 9,27-29:

Und ebenso wie es den Menschen gesetzt ist, einmal zu sterben, danach aber das Gericht, also wird auch der Christus, nachdem er einmal geopfert worden ist, um vieler Sünden zu tragen, zum zweiten Male denen, die ihn erwarten, ohne Sünde erscheinen zur Seligkeit.

Ich möchte zwei bedeutende Wahrheiten in diesem Abschnitt hervorheben. Erstens, jeder Mensch hat zwei Termine, die er einhalten muss. Sie mögen jede Verabredung, die Sie hier auf der Erde vereinbaren, absagen, aber es gibt zwei, die Sie ganz sicher einhalten werden. Nummer eins ist das Sterben. Nummer zwei ist das Erscheinen vor dem Richterstuhl Gottes.

Sie und ich werden einem ewigen Urteilsspruch ins Auge sehen. Aber wenn wir Christus als unseren Retter, der unsere Sünden vergibt, empfangen haben, und Ihm treu gedient haben, haben wir vor diesem Urteil nichts zu fürchten! Sie und ich können uns sogar darauf freuen, da wir unsere Belohnung empfangen werden, keine Verdammnis. Daher müssen Sie und ich, im Angesicht dieser Realität, im Lichte dieser zwei Termine leben – unserem Sterben und unserem Erscheinen vor dem Richterstuhl.

Mein zweiter Punkt bezogen auf diesen Abschnitt in Hebräer kommt in Gestalt einer Frage: Wenn Jesus wiederkommt, wem wird Er erscheinen? Jenen, die eifrig auf Ihn warten. Sie und ich müssen uns selbst fragen, ob wir uns in der Kategorie dieser Menschen befinden, die *eifrig* warten. Das Neue Testament ist sehr deutlich: Das eifrige Warten auf die Wiederkunft des Herrn ist eine *grundlegende Motivation für göttliches Leben*. Wenn dem so ist, wäre es gut, wenn wir die folgende Frage berücksichtigen würden: *Was an der Wiederkunft des Herrn sollte uns dazu bewegen, in sie „verliebt" zu sein?*

Als ich das Neue Testament bezüglich dieses Themas studierte, fand ich vier wesentliche Gründe, warum wir uns sehr auf die Wiederkunft des Herrn Jesus freuen können! Im nächsten Kapitel werden wir auf den ersten Grund eingehen, der für Sie vielleicht eine Überraschung sein wird. Nichtsdestotrotz ist es mein Bestreben, eine solide und biblische Grundlage für diesen überraschenden ersten Grund zu liefern.

Kapitel 4

Das Hauptereignis

Unser Leben ist oft mit vielen wichtigen und wundervollen Ereignissen gefüllt – sich verlieben, heiraten, das erste Kind bekommen oder den ersten Job bekommen, um ein paar aufzuzählen. Für Christen gibt es jedoch ein Ereignis, das Sie und ich erleben werden, welches weit über diesen Meilensteinen im Leben steht. Es ist in der Tat der erste Grund, warum wir uns nach Seiner Wiederkunft sehnen sollten.

Von welchem Ereignis spreche ich? Unserer Auferstehung. Diese Antwort erscheint Ihnen vielleicht überraschend. Warum? Denn, wie ich bereits aufgezeigt habe, sind die meisten Gläubigen heutzutage nicht an der Auferstehung interessiert, und noch weniger daran, in einer Erwartungshaltung darauf zu leben. In diesem Kapitel möchte ich Ihnen dabei helfen, zu verstehen, warum die Auferstehung eines der bedeutendsten – wenn nicht sogar *das* bedeutendste – Ereignis in unserem Leben sein wird. Sie ist eindeutig der erste Grund, warum wir uns *nach Seiner Wiederkunft sehnen* sollten.

Die Auferstehung verstehen

Die Auferstehung ist die Vollendung unserer persönlichen Errettung. Das Wort *vollenden* bedeutet *zur Vollendung bringen.* Jesu Werk am Kreuz war nicht vollendet, bis Er auferstanden war. Auf die gleiche Weise ist unsere Errettung nicht vollständig oder vollendet, bis auch wir unseren Auferstehungs-Körper erhalten haben. Die Vollendung unserer Errettung wird die völlige Umwandlung unseres Körpers sein, der dann wie der Körper Jesu nach Seiner Auferstehung sein wird. All dies wird in dem Moment, wenn Christus in Herrlichkeit erscheint, vonstatten gehen.

Ich war schon immer sehr beeindruckt von Paulus' einziger Lebensmotivation, wie in Philipper 3 erwähnt wird. Ich glaube, wenn Sie diesen Abschnitt mit offenem Verstand lesen, wird er Ihnen eine neue Perspektive auf die Errettung schenken.

Sehen Sie, heutzutage denken viele Christen, dass das Ende unserer Errettung der Tod und der Eintritt in den Himmel sind. Das ist lediglich eine Phase, die auch sehr wichtig ist. Aber das ist noch nicht das Ende. Es gibt etwas noch viel Wichtigeres, als nur in den Himmel zu kommen. Paulus schreibt darüber in Philipper 3,8-11:

Ja, wahrlich, ich achte auch alles für Verlust wegen der Vortrefflichkeit der Erkenntnis Christi Jesu, meines Herrn, um dessentwillen ich alles eingebüßt habe und es für Dreck achte, auf dass ich Christus gewinne und in ihm erfunden werde, indem ich nicht meine Gerechtigkeit habe, die aus dem Gesetz ist, sondern die durch den Glauben an Christus ist, die Gerechtigkeit aus Gott durch den Glauben; um ihn zu erkennen und die Kraft seiner Auferstehung und die Gemeinschaft seiner Leiden, indem ich seinem Tode gleichgestaltet werde, ob ich auf irgend eine Weise hingelangen möge zur Auferstehung aus den Toten.

Welche Absicht hatte Paulus? Auf welches Ende war all seine Motivation gerichtet? Christus kennen, an Seinen Leiden teilhaben und Seine Herrlichkeit teilen, gewiss. Der krönende Abschluss liegt jedoch in diesen Worten: *„ob ich auf irgend eine Weise hingelangen möge zur Auferstehung aus den Toten."*

Um jeden Preis

Der Satz „auf irgend eine Weise" könnte alternativ mit „ egal wie" übersetzt werden. Paulus sagt: „Ob ich *egal wie* hingelangen möge zur Auferstehung aus den Toten." Diese Aussage gibt meiner Meinung nach an, dass es Paulus von enormer Priorität ist, seine Auferstehung zu erlangen. Egal, was es ihn kosten und welche Hindernisse im Weg stehen würden – das war sein Ziel: Bis zur Auferstehung von den Toten durchzukommen.

Paulus gebraucht hier ein ungewöhnliches Wort für „Auferstehung", das *„aus* Auferstehung" bedeutet. In anderen Worten bezieht er sich nicht auf die allgemeine Auferstehung aller Toten (errettet und nicht errettet), sondern auf die Auferstehung, die die Offenbarung als „erste Auferstehung" bezeichnet. Die Schrift sagt zu diesem Thema: *Glückselig und heilig, wer teilhat an der ersten Auferstehung* (Offenbarung 20,6).

Im nächsten Vers macht Paulus sehr deutlich, dass er diese Auferstehung zur Zeit seines Schreibens noch nicht erlangt hat.

Nicht dass ich es schon erlangt hätte oder schon vollendet wäre; ich jage aber danach, dass ich das auch ergreife, wofür ich von Christus Jesus ergriffen worden bin. (Philipper 3,12 SLT)

Es ist sehr offensichtlich, dass Paulus ein Ziel und eine Bestimmung in seinem Leben hatte. Nichts betrübt mich mehr, als Christen zu treffen, die ziellos leben – nur vor sich her leben und von den Strömen des Lebens hin und her getragen werden. Im Gegensatz zu einer solchen Lebensweise hatte Paulus ein definiertes, spezifisches, positives Ziel. Darüber hinaus vereinte er sein Herzensanliegen mit dem, den der Herr für ihn hatte. Der Apostel Johannes schrieb: *„Wer aber den Willen Gottes tut, bleibt in Ewigkeit"* (1. Johannes 2,17). Was geschieht, wenn Sie Gottes Willen zu Ihrem machen? Dann werden Sie unsinkbar, unschlagbar und unerschütterlich!

Die bevorstehende Umwandlung

Gegen Ende von Philipper 3 erklärt Paulus, was er mit alldem meint – und warum er das alles für so wichtig hält.

Denn unser Bürgertum ist in den Himmeln, von woher wir auch den Herrn Jesus Christus als Heiland erwarten, der unseren Leib der Niedrigkeit umgestalten wird zur Gleichförmigkeit mit seinem Leibe der Herrlichkeit, nach der wirksamen Kraft, mit der er vermag, auch alle Dinge sich zu unterwerfen. (Philipper 3,20-21)

Wir müssen begreifen, dass wir Bewohner dieser Erde sind, unser Bürgerrecht jedoch im Himmel ist. Bitte achten Sie erneut darauf, dass Paulus, wie der Verfasser des Hebräerbriefes, schreibt: „… Jesus Christus … [eifrig (wörtl. a. d. Engl. NIV)] erwarten". Die Wiederkunft des Herrn [eifrig] zu erwarten ist eine Haltung, die durchgehend in verschiedenen Teilen des Neuen Testaments hervorgehoben wird.

Im obigen Abschnitt sehen wir, dass die Umwandlung unseres „Leibes der Niedrigkeit" erstens der Höhepunkt von Philipper 3 und zweitens die Erfüllung des Bestrebens von Paulus ist. Paulus sagt, dass wir jetzt, in der Gegenwart, einen „niedrigen" Körper haben –

buchstäblich einen Körper der „Demütigung". Das Schlüsselwort, das diesen Körper beschreibt, ist das Wort *Korruption* oder *verderblich* (siehe 1. Korinther 15,42, 50-54). Jedoch ist die Umwandlung, auf die sich Paulus in diesem Vers freut, die Umwandlung unseres niedrigen Körpers in einen Körper der Herrlichkeit – wie der herrliche Körper des auferstandenen Herrn Jesus.

Unsere „niedrigen" Körper

Es spielt keine Rolle, ob Sie und ich gesund, wohlhabend oder stark sind. Unabhängig von unserem Zustand leben wir in einem Körper der Niedrigkeit – als Resultat des Sündenfalls. Die Niedrigkeit dieses Körpers manifestiert sich auf vielerlei Weise.

Wir mögen es uns leisten können, in den gehobensten Restaurants zu speisen und die feinsten Steaks zu genießen. Aber wir alle wissen, was zu einem späteren Zeitpunkt geschehen wird. Jeder von uns wird zur Toilette gehen müssen. Das allein ist eine stetige Erinnerung unserer Niedrigkeit.

Eine Frau mag das lieblichste Parfum tragen und sich wunderbar herrichten. Aber wenn sie herumrennen muss und warm und aus der Fassung gebracht wird, wird sie beginnen zu schwitzen. Für Männer sowie für Frauen ist dieser Schweiß ein weiteres kleines Merkmal unserer Niedrigkeit.

Es ist zudem eine Tatsache, dass unser Körper uns mit zunehmendem Alter immer mehr demütigt. Warum? Unser Körper ist schwach, weil wir gegen unseren Schöpfer rebelliert haben – und unser irdischer Körper ist eine stetige Erinnerung an diese Tatsache. In genau diesem erniedrigten Körper müssen wir leben, bis wir sterben oder Jesus wiederkommt.

Paulus sagt uns jedoch, dass dies nicht unser dauerhafter Zustand bleiben wird. Gemäß dem Wort werden wir einen neuen Körper bekommen – einen Körper der Herrlichkeit. Wir werden von unserer körperlichen Schmach erlöst werden und die Herrlichkeit des Herrn betreten.

Das ist die körperliche Umwandlung, nach der Paulus strebt, und er verbindet sie mit dem Warten auf den kommenden Retter, den Herrn Jesus Christus. Wir sollten anmerken, dass Paulus nicht nur davon spricht, zu sterben und in den Himmel zu kommen, um mit dem Herrn zu sein, was er in den vorherigen Kapiteln im Philipperbrief erwähnt hatte. Hier geht er über dieses Konzept hinaus, zu dem Erscheinen des Herrn und der Auferstehung seines Leibes. Diese herrliche Umwandlung unseres Körpers ist der endgültige Vollzug – die abschließende Vollendung – unserer persönlichen Errettung.

Kapitel 5

In Christus verborgen

Die Wahrheiten, die wir in den vorherigen Kapiteln über körperliche Umwandlung entdeckt haben, sind tiefgründig. Es ist wunderbar zu wissen, dass wir, wenn Christus erscheint, unsere auferstandenen Körper empfangen werden. Aber was für eine Haltung sollten wir in der Zwischenzeit zu unserem Leben haben? Einige hilfreiche Antworten auf diese Frage kommen aus unserer Untersuchung von Kolosser 3,3-4. Paulus schreibt da wie folgt:

> *Denn ihr seid gestorben, und euer Leben ist verborgen mit dem Christus in Gott. Wenn der Christus, unser Leben, geoffenbart werden wird, dann werdet auch ihr mit ihm geoffenbart werden in Herrlichkeit.*

Die Elberfelder Bibel übersetzt die ersten drei Wörter dieses Verses richtigerweise mit „ihr seid gestorben". Das ist eine Vergangenheitsform, die den Sinn vermittelt, dass der besagte Tod eine historische Tatsache ist, die an einem bestimmten Zeitpunkt in der Vergangenheit geschehen ist.

Wann sind wir gestorben? Wir starben, als Jesus am Kreuz gestorben ist. Unser alter Mensch wurde mit Ihm gekreuzigt. Das ist eine historische Tatsache und es ist wahr – ob Sie es glauben oder nicht. Wenn Sie es jedoch tatsächlich *glauben*, wird es einen bedeutenden Unterschied in Ihrem Leben machen.

Paulus schreibt, *„Ihr seid gestorben."* Dieser Gedanke ruft eine weitere logische Frage auf. Wenn wir gestorben sind, wo ist dann unser Leben? Die Antwort ist, *„Euer Leben ist verborgen mit dem Christus in Gott."*

Zu wissen, dass Ihr Leben mit Christus in Gott verborgen ist, sollte ein enormes Sicherheitsgefühl geben! Wenn Ihr Leben mit Christus in Gott verborgen ist, gibt es keine böse Macht, die dieses Leben anrühren kann, da es außerhalb des Bereichs der Kräfte des Bösen ist.

Jesus, unser Leben

Im Anschluss an diese Offenbarung unseres „Verborgen-seins" in Christus schreibt Paulus dann in Vers 4:

Wenn der Christus, unser Leben, geoffenbart werden wird, dann werdet auch ihr mit ihm geoffenbart werden in Herrlichkeit.

Hier ist ein hilfreicher Gedanke für Sie, wenn Sie mit Schwachheit oder Krankheit zu kämpfen haben. (Manche der einfachsten Aussagen der Schrift sind die tiefgründigsten, und diese ist eine davon.) *Christus ist unser Leben.* Was könnten wir sonst noch wirklich benötigen? Das Leben Christi ist größer als jedes Problem, jeder Druck und jedes Gebrechen. Ich würde Sie ermutigen, das oft auszusprechen, vor allem in schwierigen Zeiten: „Christus ist mein Leben!" Warum sagen Sie es nicht gerade jetzt? „Christus ist mein Leben!"

Ich habe einen weiteren wunderbaren Gedanken für Sie. Bei Seiner Wiederkunft wird die Welt sehen, *wer wir wirklich sind*. In diesem Zeitalter hat die Welt keine Ahnung, wer wir wirklich sind. Wir sind schon jetzt die Kinder des Königs, aber die Welt erkennt das nicht. Eines Tages wird jedoch das ganze Universum erkennen, wer wir wirklich sind.

Es gibt einen weiteren Grund, warum wir uns nach Seiner Wiederkunft sehnen sollten. Unser wahres Leben – die Herrlichkeit, die Gott für uns hat – wird nicht manifestiert sein, bis Christus in Seiner Herrlichkeit manifestiert ist. Die volle Ausführung der Errettung Gottes für uns wird bis dahin nicht vollendet sein. Es ist wunderbar, jetzt schon durch den Glauben an Jesus ewiges Leben zu haben. Aber das ist noch nicht das Ende. Es ist wundervoll zu wissen, dass unser körperloser Geist zu Christus kommen wird, wenn wir sterben. Aber auch das ist noch nicht das Ende.

Sehen Sie, Gott hat keine Ewigkeit für uns als körperlose Geister vorbereitet. Jesus ist gestorben, um die ganze Person zu retten – *Geist, Seele,* und *Körper*. Seine Errettung wird nicht völlig in uns ausgearbeitet sein, bis wir die *ganze* Errettung *in Geist, Seele und Körper* haben. Wann wird das geschehen? Nicht bis Jesus in Herrlichkeit wiederkommt.

Daher können wir vorerst damit zufrieden sein, mit Christus in Gott verborgen zu sein. Es ist ein sicherer Ort. Der Psalmist verstand dies, als er schrieb: „*Wer im Schirm des Höchsten sitzt, wird bleiben im Schatten des Allmächtigen*" *(Psalm 91,1)*.

Es gibt keinen sichereren Ort, als in Christus verborgen zu sein. Viele Menschen streben danach, auffällig oder bekannt zu sein – und manchmal fällt es uns zu, aufzufallen. Aber glauben Sie mir, es ist viel herausfordernder. Ich würde Ihnen raten, damit zufrieden zu sein, dass Sie mit Christus in Gott verborgen sind, denn es wird ein Tag kommen, an dem Sie nicht mehr verborgen sein werden!

Das Ziel des Glaubens

Jesus lehrte ganz klar, dass der Glaube an Ihn zur Auferstehung führen würde. Vier Mal erklärt Er in Johannes 6, dass der Glaube an Ihn mit der Auferstehung enden würde. Jedoch möchte ich hier auf eine wichtige Tatsache aufmerksam machen – Jesus spricht nicht hauptsächlich darüber, dass wir in eine Ewigkeit im Himmel gehen, sondern vielmehr, dass unsere Körper auferweckt werden.

Dies aber ist der Wille dessen, der mich gesandt hat, dass ich von allem, was er mir gegeben hat, nichts verliere, sondern es auferwecke am letzten Tage. (Johannes 6,39)

„Auferweckt werden" bedeutet eindeutig „auferstehen". Jesus bestätigt diese Wahrheit im folgenden Vers. In Vers 40 heißt es erneut:

Denn dies ist der Wille meines Vaters, dass jeder, der den Sohn sieht und an ihn glaubt, ewiges Leben habe; und ich werde ihn auferwecken am letzten Tage.

Wir neigen dazu, uns das ewige Leben als das Ende oder ultimative Ziel vorzustellen. Aber das ist es nicht. Das ultimative Ende ist die Auferstehung! Ich habe den Eindruck, dass viele Christen diese Wahrheit nicht verstehen und daher nicht viel Interesse an der Auferstehung haben. Aber das ist ein Fehler, denn die Auferstehung ist der endgültige Höhepunkt. Glauben Sie mir, wenn ich sage, dass Gott nicht der Autor antiklimaktischer Ereignisse ist. Unsere körperliche Auferstehung wird die Krönung unserer persönlichen

5. In Christus verborgen

Erfahrungen darstellen – und die ultimative Erfüllung der Menschheitsgeschichte.

Den Sack zuschnüren

Um diese wundervolle Offenbarung hervorzuheben, wollen wir uns zwei weitere Stellen in Johannes 6 anschauen, in denen Jesus den gleichen Aspekt aufbringt.

Niemand kann zu mir kommen, es sei denn, dass der Vater, der mich gesandt hat, ihn ziehe; und ich werde ihn auferwecken am letzten Tage. (Johannes 6,44)

Wer mein Fleisch isst und mein Blut trinkt, hat ewiges Leben, und ich werde ihn auferwecken am letzten Tage. (Johannes 6,54)

Es war eindeutig Jesu' Absicht, dass wir die Wahrheit über die Auferstehung des Körpers wissen, verstehen und glauben. Einige von uns bezeugen ihre Errettung mit den Worten: „Ich habe ewiges Leben – ich glaube an Jesus." Das sind großartige Neuigkeiten! Aber warum hört unser Zeugnis an diesem Punkt auf? Gott wird Sie doch am letzten Tage auferwecken! Es würde vielleicht wesentlich mehr Menschen aufmerksam machen, die gar nicht so sehr an ewigem Leben interessiert sind, wenn wir über unsere bevorstehende Auferstehung Zeugnis gäben.

In den meisten christlichen Kreisen liegt der Fokus seit langem vollkommen darauf, in den Himmel zu kommen. Durch diese Betonung haben wir die Nachricht gewissermaßen gekürzt, indem wir den wichtigsten Moment außen vor gelassen haben. Unabsichtlich haben wir sozusagen ein Buch ohne dessen letztes Kapitel angeboten – was ja normalerweise gerade der Teil ist, den jeder lesen will.

Das letzte Kapitel, das wir hinzufügen müssen – die Verheißung der Auferstehung – verknüpft die Teile der Geschichte miteinander. Es beantwortet alle Fragen und bringt uns die Auflösung und Vollendung der Geschehnisse. Daher ist es so wichtig, wenn wir Menschen Zeugnis geben, das letzte Kapitel des Buches miteinzubeziehen. Es beinhaltet den spannenden Höhepunkt: Wir werden alle auferweckt werden! ·

Kapitel 6

Vereinigung mit Jesus

Bisher haben wir uns in diesem Buch auf die Gründe fokussiert, warum wir auf die Wiederkunft Christi gespannt sein sollten. Wir beantworten die folgende Frage: Warum sollten wir uns nach Seiner Wiederkunft sehnen?

Wenn wir nun dieses Kapitel beginnen, hoffe ich, dass Sie allmählich erfassen, wie wichtig diese Frage für jeden von uns ist. Ich habe vorhin behauptet, dass mir mein Studium der Schrift über dieses Thema vier Hauptgründe offenbarte, warum wir große Vorfreude auf die Wiederkunft des Herrn haben sollten. Der erste Grund, den ich in den vorigen zwei Kapiteln teilte, ist, dass die Wiederkehr des Herrn die *Vollendung unserer Errettung* darstellen wird, mit dem Beweis der Auferstehung unseres Körpers. Unsere „Körper der Niedrigkeit" werden unmittelbar in perfekte, herrliche Körper, gleich dem auferstandenen Körper Jesu', umgewandelt werden. Darauf kann man sich definitiv freuen!

Wir haben ebenso (Ende Kapitel 4) kurz über das Wort *Vollzug* gesprochen, welches ein weiteres Wort für *Vollendung* ist. Ich habe betont, dass unsere persönliche Errettung noch nicht vollendet ist, wenn wir ewiges Leben empfangen, oder wenn wir sterben und unser Geist in die Gegenwart Gottes geht. Unsere Errettung wird erst vollzogen sein, wenn wir mit einem Körper wie den von Jesus auferstanden sind. Jesus selbst bestätigt dies vier Male im sechsten Kapitel des Johannes Evangeliums, mit der folgenden Aussage: „Ich werde ihn am letzten Tage auferwecken."

Zwei Vereinigungen

In diesem Kapitel wollen wir uns auf den zweiten Grund fokussieren, warum wir auf die Wiederkunft Christi gespannt sein sollten – sie wird den Vollzug zweier Vereinigungen bewirken. Die erste Vereinigung wird mit Christus selbst sein und die zweite miteinander. Unsere Vereinigung mit Jesus und miteinander wird nicht vollkommen sein, bis Er erscheint.

Lassen Sie uns für einen Moment unsere gegenwärtige Situation unter die Lupe nehmen. Wir haben gerade eine wundervolle Beziehung mit Jesus und einige wundervolle Beziehungen mit anderen Gläubigen. Aber sie sind nicht vollkommen (vollständig). Unsere Beziehungen mit anderen Gläubigen sind gewissermaßen etwas bruchstückhaft. Manchmal halten sie an, andere Male brechen sie ab. Aber das ist noch nicht das Ende der Geschichte.

Ich möchte erneut betonen, wie ich es bereits im vorherigen Kapitel getan habe, dass diese Errettung, zu der wir durch Glauben an Jesus gekommen sind, eine sehr *vollständige* Errettung ist. Gott ist ein überaus *vollständiger* Gott und Er macht keine Kompromisse mit Vollständigkeit! Ein wichtiger Aspekt Seiner Vollständigkeit wird die vollkommene, endgültige und ewige Vereinigung mit uns sein – zuerst mit Christus und zweitens mit anderen Gläubigen. Könnte irgendetwas großartiger sein?

Das Hochzeitsfest

Nun wollen wir unser Studium dieses Aspektes beginnen, indem wir uns ein prophetisches Bild in Offenbarung 19,6-7 anschauen. Die Beschreibung dort ist ein lebendiges Portrait eines der großartigsten Ereignisse der Menschheitsgeschichte. Während wir diese Offenbarung des Johannes lesen, sollten wir im Hinterkopf behalten, dass wir der Leib und ebenso die Braut Christi sind. Dieser Abschnitt in der Offenbarung handelt von dem Moment, wenn die Braut endlich und ewiglich in einer herrlichen Hochzeits-Zeremonie mit ihrem Bräutigam vereint werden wird. Ich glaube, dass die menschliche Sprache in vielerlei Hinsicht nicht in der Lage ist, die Herrlichkeit zu beschreiben, die dem Apostel Johannes zu diesem Zeitpunkt offenbart wurde.

Und ich hörte wie eine Stimme einer großen Volksmenge und wie ein Rauschen vieler Wasser und wie ein Rollen starker Donner, welche sprachen: Halleluja! Denn der Herr, unser Gott, der Allmächtige, hat die Herrschaft angetreten. Lasst uns fröhlich sein und frohlocken und ihm Ehre geben; denn die Hochzeit des Lammes ist gekommen, und seine Frau hat sich bereitet.

Diese Szene hier beschreibt das ganze Universum in einem Aufschrei der Begeisterung. Was ist der Grund für all diese Freude? Es geht um Sie und mich – und die Vollendung unserer Vereinigung mit Christus!

Wenn Sie verheiratet sind, wissen Sie, wie aufregend der Prozess sein kann – zusammen kommen, Händchen halten, Emotionen zum Ausdruck bringen, all Ihre Zeit gemeinsam verbringen und schließlich sich verloben. Aber all das führt nur zum endgültigen Ziel – die Begeisterung der Hochzeit!

Es gibt eine Einheit in einer Ehe, die sich durch nichts ersetzen lässt, und nach der sich jede Braut sehnt. Sie mag sich über die Verlobung freuen, absolut begeistert sein von ihrem Verlobungsring und freudig ihre Hochzeit planen. Nichts davon ist jedoch ein angemessener Ersatz dafür, verheiratet zu sein. Ich habe an Hochzeiten in verschiedenen Ländern teilgenommen und kann sicher sagen, dass ich kein Land und keine Kultur kenne, in der es nicht normal für die Braut wäre, sich über die Ankunft ihres Hochzeitstages zu freuen. Jede Braut, die sich nicht darüber freut, zu heiraten, sollte wahrscheinlich ihre Entscheidung (sofern sie frei ist, dies zu tun) nochmal überdenken!

Bei dem Hochzeitsmahl des Lammes Jesu, das in der Offenbarung beschrieben wird, wird es eine Vereinigung mit Ihm geben, die wir uns nicht einmal vorstellen können. Eines der Attribute der Offenbarung, das mich beeindruckt, ist, dass es nicht versucht, unsere Hochzeit mit dem Lamm zu beschreiben. Warum? Denn es ist unbeschreiblich in menschlicher Sprache.

Dieser herrliche Hochzeitstag ist der Moment, den jede irdische Braut ersehnt. Würden Sie dem zustimmen? Während sie sich um alle notwendigen Vorbereitungen kümmert, steigt ihre Vorfreude. Wir sehen einen biblischen Kommentar über diesen Prozess, wenn Gott durch den Propheten Jeremia fragt: *„Vergisst etwa eine Jungfrau ihren Schmuck, eine Braut ihren Gürtel?"* (Jeremia 2,32). Die offensichtliche Antwort ist, „Nein, das kann sie nicht." Wir wissen alle, dass je näher der Tag der Hochzeit kommt, desto mehr ist die Braut auf ihre Kleidung fokussiert.

Aber der prophetische Kommentar geht weiter und Gott sagt, *„Aber mein Volk hat mich vergessen seit unzähligen Tagen."* Das war in der Tat der Zustand Israels im Alten Testament, und ich befürchte, dass es zu oft auch der Gemeinde im Neuen Testament entspricht. Als Christen sind wir die Braut Christi. Wenn wir uns nicht auf das, was kommen wird, freuen, stimmt etwas nicht mit uns. Ich ärgere mich niemals über Menschen, die über ihren Glauben begeistert sind. Im Gegenteil, ich ärgere mich über Menschen, die nicht begeistert sind – denn die einzig logische Reaktion auf die Realität unserer Errettung und unserer letztendlichen Rolle als Braut Christi ist Begeisterung!

Eine Zeit für Begeisterung

Ich bin von klein auf in der anglikanischen Kirche in Großbritannien aufgewachsen. Alles an diesem Kirchenerlebnis war äußerst würdevoll. Der Gottesdienst war oftmals wunderschön und die Gebäude sehr alt und kunstvoll. (Diese alten, wunderschönen Kirchen vermittelten den Eindruck, dass man Gott in einem Gebäude, das weniger als 400 Jahre alt ist, nicht anbeten könne!) Ich kannte alle anglikanischen Gebete und konnte die Generalbeichte und das Glaubensbekenntnis auswendig aufsagen. Ich war mit allen Liturgien vertraut und empfand sie alle auf gewisse Weise als wundervoll. Jedoch schaute ich die Menschen an, wenn sie die Kirche verließen, nachdem sie all diese herrlichen Worte gesagt hatten, und dachte mir nur: „Sie sehen nicht aus, als würden sie glauben, was sie gerade gesagt haben."

Ich erinnere mich an einen Sonntag, an dem ich in meinem kritischen Teenagerverstand dachte: „Wenn die Dame da drüben ihr wunderschönes Spitzentaschentuch fallen ließe und ich hinrennen und es mit den Worten, „Gnädige Frau, Ihr Spitzentaschentuch ist herunter gefallen!" aufheben würde, dann würde sie sich viel mehr über ihr Taschentuch freuen, als über all die bedeutungsvollen Worte, die sie im Gottesdienst ausgesprochen hatte."

Viele ernsthaften Kirchengänger haben den Eindruck, dass sie sehr würdevoll aus der Kirche strömen sollten. Aber ich denke, wenn man wirklich glaubt, was man in der Gemeinde hört, sollte man sehr fröhlich aus der Gemeinde kommen – sogar tanzend und springend! Ich glaube, diese Art der Begeisterung stimmt mehr mit der Bibel überein, als all unsere Würde.

Ein weiser und skurriler Diener Gottes aus einer vergangenen Generation sagte einst: „Die Temperatur eines durchschnittlichen Kirchengängers ist so niedrig, dass wenn jemand eine normale Temperatur hat, sie denken, er habe ein Fieber!" Bitte behalten Sie im Hinterkopf, dass die Bibel ein romantisches Buch ist – sie hat einen folgenschweren Höhepunkt, auf den wir uns alle zubewegen. Wir können diesen Moment mit Begeisterung erwarten! Nichts anderes kann diese spannende Vollendung ersetzen oder ihr gleich kommen.

Ein Gefühl der Vorfreude

In Wahrheit kann uns nur der Heilige Geist diese Spannung und Vorfreude geben. Wir können sie uns nicht im Fleisch erarbeiten, sie muss ein Wirken des Geistes sein. In Offenbarung 22,17 steht: *„Und der Geist und die Braut sagen: Komm!"* Achten Sie darauf, dass wenn der Geist „Komm!" sagt, die Braut auch „Komm!" sagt. Dieses tiefe Gefühl des Sehnens kommt, wenn wir vom Geist Gottes bewegt werden. Er ist es, der uns diese spannende Vorfreude gibt.

Je mehr Menschen vom Heiligen Geist bewegt und erfüllt sind, desto mehr werden sie der Wiederkunft des Herrn entgegenfiebern. Unsere Vorfreude auf Sein Erscheinen ist ein guter Maßstab dafür, wie viel Einfluss der Heilige Geist tatsächlich auf unser Leben hat.

Wenn Sie die Wahrheiten, die ich gerade teilte, lesen, wird Ihnen vielleicht bewusst, dass Ihnen diese besagte Freude fehlt. Würde ich Sie fragen, wäre die Antwort vermutlich: „Nein, ich habe keine derartige Vorfreude."

Der Punkt, den wir gerade über die Rolle des Heiligen Geistes gemacht haben, ist hier ein Schlüsselfaktor für Sie. Er kann diese Erwartungshaltung, die Ihnen fehlt, implementieren. Möchten Sie sich einen Moment Zeit nehmen, den Herrn zu bitten, Ihr Herz hierzu zu verändern? Wenn ja, dann lassen Sie uns dieses Gebet gemeinsam beten:

Herr, ich bekenne, dass ich nicht diese Sehnsucht nach Deiner Wiederkehr habe, die ich haben sollte. Ich bitte Dich jetzt, dass Du durch die Kraft Deines Heiligen Geistes mein Herz und meinen Verstand füllst, mit Vorfreude und Spannung auf die Aussicht Deines Kommens − und meine Vereinigung mit Dir als Bräutigam. Danke Herr, dass Du mein Gebet erhörst. Amen!

Kapitel 7

Einheit miteinander

Im vorherigen Kapitel haben wir uns auf den ersten Aspekt – unsere Einheit mit Jesus, dem Bräutigam – fokussiert. In diesem Kapitel werden wir den zweiten Aspekt erforschen. Das Kommen des Herrn wird nicht nur den Vollzug unserer Einheit mit Ihm kennzeichnen, obwohl es natürlich an allererster Stelle steht, sondern ebenso die Vollendung unserer Einheit miteinander. Paulus beschreibt diesen zweiten Aspekt mit wunderschönen Worten in 1. Thessalonicher 4, 16-18:

> *Denn der Herr selbst wird mit gebietendem Zuruf, mit der Stimme eines Erzengels und mit der Posaune Gottes herniederkommen vom Himmel, und die Toten in Christus werden zuerst auferstehen; danach werden wir, die Lebenden, die übrigbleiben, zugleich mit ihnen entrückt werden in Wolken dem Herrn entgegen in die Luft; und also werden wir allezeit bei dem Herrn sein. So ermuntert nun einander mit diesen Worten.*

Der Herr Selbst

Paulus beginnt diesen Vers mit den drei Worten, „Der Herr Selbst". Die Braut wird niemals mit irgendetwas anderem als dem

Bräutigam selbst zufrieden sein können. Kein Ersatz für Ihn würde jemals ausreichen. Viele Formen des Judentums heutzutage lehren, dass es keinen persönlichen Messias geben wird, sondern lediglich ein messianisches Zeitalter. Aber niemand, der wirklich in den Herrn Jesus verliebt ist, wird jemals mit nur einem messianischen Zeitalter zufrieden sein – sie wollen den Messias!

Der Ruf des Messias wird die toten Gläubigen hervorrufen, weil Er allein diese Autorität hat. Als Jesus vor dem Grab des Lazarus stand und ihn herausrief, war Er sehr genau und vorsichtig. Er sagte, „*Lazarus*, komm heraus." Hätte Er nur gesagt, „Komm heraus", wären alle Toten herausmarschiert!

Ich glaube, dass Jesus, wenn Er wiederkommt, jeden einzelnen Gläubigen mit Namen rufen wird. Es ist nebensächlich, dass es Milliarden von Namen sein werden. Er ist dazu in der Lage. Während unsere Namen aufgerufen werden, werden wir in unserem auferstandenen Körper aus unseren Gräbern kommen, um Ihn zu treffen.

Dann wird die Stimme des Erzengels gehört werden. Ich glaube, dass sich diese Aussage auf den Erzengel Gabriel beziehen muss, der im Großen und Ganzen derjenige ist, der auf der Erde die Ankündigungen bezüglich Gottes großer Eingriffe macht.

Schließlich wird noch die Posaune Gottes ertönen, den Katalysator für das darauffolgende Ereignis: „*die Toten in Christus werden zuerst auferstehen; danach werden wir, die Lebenden, die übrigbleiben, zugleich mit ihnen entrückt werden in Wolken dem Herrn entgegen in die Luft.*" Es wird eine gewaltige Freisetzung göttlicher Kraft stattfinden. Sie wird ausreichen, um die gesamte Gemeinde von der Erde hinauf in den Himmel zu heben, um den Herrn dort in den Wolken anzutreffen.

Die Entrückung

Lassen Sie uns einen Moment die Formulierung „entrückt werden" (empor gehoben - wörtl. a. d. Engl.) betrachten. Das Wort für „entrückt" gibt uns in der Übersetzung den Begriff „Entrückung". „Entrückt" kommt vom griechischen Wort *harpazo*, welches wortwörtlich „herausreißen" oder „beschlagnahmen" bedeutet. Die lateinische Übersetzung des Verses gebrauchte das Wort *rapturo*, von dem wir den englischen Begriff haben, den wir heute hören, „rapture".

Es gibt viele verschiedene Ansichten über die Entrückung und wann sie stattfinden wird. Einst fragte mich eine Frau, „Glauben Sie an die Entrückung?"

Ich antwortete: „Wenn Sie meinen, ob ich daran glaube, dass wir entrückt werden, dann glaube ich dies definitiv, denn die Bibel spricht sehr deutlich darüber. Wenn Sie mich jedoch fragen, ob es auf geheime Weise oder vor, während oder nach der Trübsal stattfinden wird, ist das eine andere Frage." Wir sollten uns nicht von diesen Spekulationen ablenken lassen und die eindeutige Wahrheit der Bibel vergessen – *wir werden entrückt werden*. Diese einfache Wahrheit gibt uns große Hoffnung!

Gemeinsam entrückt werden

Das griechische Wort für *entrückt* ist ein interessantes und sehr aktives Wort. Es wird benutzt, um zu beschreiben was geschah, als Philippus, der Evangelist, den äthiopischen Eunuch, direkt nachdem er nach Gaza gereist war, taufte. In Apostelgeschichte 8,39 steht, der Geist des Herrn „*entrückte den Philippus*".

Das gleiche Wort wurde zudem gebraucht, als Jesus von dem Wolf sprach, der sich unter die Schafe gesellte. Jesus sagt, der Wolf

„*raubt*" die Schafe (Johannes 10,12). Der Wolf warnt die Schafe nicht, sondern „*raubt*" sie einfach. Ein plötzlicher, energischer Griff. So wird der Herr uns hinwegnehmen. In einem Moment werden wir hier sein und im nächsten woanders – ohne jegliche Vorwarnung.

Wie werden in die Wolken entrückt werden, so wie Jesus selbst in einer Wolke hinaufgestiegen ist (Apostelgeschichte 1,9), um den Herrn in der Luft zu treffen. Das griechische Wort für Luft ist *aer*, welches eines der zwei griechischen Worte für Luft ist. Eines ist *aer* und das andere *aither*. *Aither* gibt uns das englische Wort *ether*. Interessant ist, dass *aither* die höhere, verdünnte Atmosphäre ist, während *aer* die untere Luft ist, direkt in Verbindung mit der Erdoberfläche. Das Wort, das hier verwendet wird, ist *aer*, welches untere Luft bedeutet. Der Herr wird also sehr nah an die Erde kommen, und dann werden Sie und ich auf einmal in die Wolken emporgehoben werden, um Ihn dort anzutreffen.

Das wird unsere finale und dauerhafte Vereinigung mit dem Herrn und einander sein. Nach dieser schlussendlichen Auferstehung wird es keine Trennungen mehr geben. Es wird eine Einheit sein, die wir im Moment aufgrund unserer eingeschränkten Sichtweise nicht fassen können.

Für immer zusammen

Paulus beendet seine Beschreibung der Entrückung der Gläubigen für die Begegnung mit dem Herrn in der Luft mit diesen wunderbaren Worten: „*und also werden wir allezeit bei dem Herrn sein.*"

Ich hoffe, Sie merken, wie Paulus diese ewige Vereinigung, die bei der Wiederkehr Christi stattfinden wird, betont. Wir werden für immer mit dem Herrn zusammen sein. Und als logische Schlussfolgerung daraus werden wir auch für immer miteinander zusammen sein.

Dies ist der dramatische Höhepunkt der Geschichte, auf den sich alles nun zubewegt. Dieses großartige Ereignis sollte eine Botschaft der Hoffnung und des Trostes sein. Paulus sagt: *„So ermuntert nun einander mit diesen Worten. "* Viele Christen müssen an diese Hoffnung und diesen Trost, der uns bevorsteht, erinnert werden. Ich habe so viele Christen getroffen, die eine hoffnungslose Haltung und Perspektive haben. Wie kann das sein? Paulus spricht hier von der gesegneten Hoffnung, die allen Christen bevorsteht. Mit genau diesen Worten sollen wir einander Trost geben.

Wie steht es mit Ihnen?

Wenn wir nun dieses Kapitel abschließen, möchte ich Ihnen eine Frage stellen. Wie geht es Ihnen damit? Könnte es sein, dass Sie sich deprimiert und einsam fühlen und Trost brauchen? Sind Sie irgendwie von Hoffnungslosigkeit ergriffen, wie so viele in diesem Zeitalter? Erlauben Sie mir, ein paar mögliche Gründe für Ihren Kampf mit Hoffnungslosigkeit in Erwägung zu ziehen? Ein Grund könnte sein, dass Sie die Wahrheit über die Wiederkunft des Herrn und was es für Sie bedeutet noch nicht wirklich erfasst haben. Vielleicht sehnen Sie sich nicht wirklich nach Seiner Wiederkehr, sind nicht in sehnlicher Erwartungshaltung.

Wenn Sie sich in einem solchem Zustand befinden, wäre es gut, aktiv eine Veränderung durchzuführen. Sie können Ihr Leben und Ihre Hoffnungen heute mit der Lehre des Neuen Testaments in Einklang bringen. Sie können einer dieser Menschen werden, die mit einem Sehnen nach Seiner Wiederkunft gekennzeichnet sind, für den der Herr eine Krone, eine goldene Medaille der Gerechtigkeit, reserviert hat.

Am Ende des letzten Kapitels boten wir ein Gebet an, um den Herrn zu bitten, uns zu helfen. Wenn Sie das mitgebetet haben, ist das wunderbar. Ich denke, dass es wahrscheinlich nicht schaden würde, es einfach nochmal jetzt zu bestätigen.

Lassen Sie uns das gemeinsam beten:

Herr, ich möchte bekräftigen, dass ich Dich darum bitte, eine Veränderung in meinem Herzen durchzuführen. Ich bitte Dich, mir durch die Kraft Deines Heiligen Geistes dabei zu helfen, jemand zu sein, der mit einer Sehnsucht nach Deiner Wiederkunft gekennzeichnet ist. Fülle mein Herz stets mit dieser Sehnsucht. Dies bete ich im Namen Jesus. Amen.

Kapitel 8

Die einzige Hoffnung
der Menschheit

In unseren letzten beiden Kapiteln betrachteten wir den zweiten Grund, warum wir uns nach Seiner Wiederkunft sehnen sollten – Hoffnung und Trost, die wir durch unsere Vereinigung mit Jesus bei Seiner Wiederkehr empfangen werden. In diesem und dem nächsten Kapitel werden wir den dritten Grund, warum sich alle Christen nach Seiner Wiederkunft sehnen sollten, erforschen: Sie ist die einzig wahre Hoffnung für die leidende Menschheit. Wenn Jesus, der Messias, wiederkommt, um auf der Erde zu regieren, wird alles Leid aus Seinem Königreich verbannt werden.

Wir müssen stets im Hinterkopf behalten, dass das Wort *Christus* die griechische und *Messias* die hebräische Form desselben Wortes ist. Wenn wir „Jesus ist der Christus" sagen, sagen wir, ob wir es wissen oder nicht, „Jesus ist der Messias." Daher beziehen sich alle Prophetien im Alten Testament bezüglich des Messias auf Jesus. Jesu' Wiederkunft in Herrlichkeit wird Seine Herrschaft auf der Erde als Messias einleiten und das unerträgliche Leiden der gesamten Menschheit beenden.

Ich bin schon viel gereist, durch viele Länder und mehrere Kontinente. Ich habe vielen verschiedenen Menschengruppen gedient – aus verschiedenen Völkern, Kulturen und Hintergründen. Manchmal wird mir völlig schwindelig von auch nur einem flüchtigen Einblick in die Gesamtheit des Elends der Menschheit. Ich glaube nicht, dass es besser werden wird. Man könnte vielmehr behaupten, dass es sich verschlechtert. Moderne Medizin, Technologie, Nahrung und Wohlstand kommen nur einem sehr geringen Prozentsatz der Weltbevölkerung zu. Wir können den Zustand der Welt nicht anhand dessen, was wir um uns herum in weiter entwickelten Nationen sehen, beurteilen.

Jedes Jahr sterben Millionen Menschen an Hungersnot oder leiden unter schwerer Folgen der Unterernährung. Der Großteil der Opfer sind kleine Kinder. Wenn man an die Leiden von Krieg, ethnischen „Säuberungen", Unterdrückung der Armen, Ausbeutung von Frauen und Kindern, Menschenhandel, erdrückender Armut, hemmungsloser Brutalität, weitverbreiteten Hass und geistlicher Gebundenheit denkt, glaube ich wirklich nicht, dass wir eine völlige Offenbarung aller Leiden der Menschheit verkraften könnten.

Den Bedürftigen helfen

Was können wir tun? Diese Frage stellen sich unzählige Christen und Nichtchristen. Es gibt eine Abzweigung der Kirche, die das so genannte „soziale Evangelium" predigt. Ich möchte diesen Ansatz nicht kritisieren, da ich glaube, dass Christen eine Verpflichtung haben, sich mit leidenden und verfolgten Menschen zu identifizieren. Wir müssen tun, was wir können, und was in unserer Macht steht, um ihnen zu helfen.

In Jakobus steht: „*Ein reiner und unbefleckter Gottesdienst vor Gott und dem Vater ist dieser: Waisen und Witwen in ihrer Drangsal besuchen, sich selbst von der Welt unbefleckt erhalten*" (Jakobus 1,27). Diese Art des Barmherzigkeitsdienstes ist ein Teil des christlichen Dienstes, der heutzutage von einer Vielzahl an Gemeinden vernachlässigt wird. Wir haben Ausschüsse für fast alles *außer* Vaterlose und Witwen. Jakobus sagt, dass unsere Religion nicht echt ist, wenn wir uns nicht um jene kümmern, die unsere Hilfe benötigen.

So wahr wie das jedoch ist, kann ich nicht akzeptieren, was manche predigen – dass wir die Probleme der Welt mit dem sozialen Evangelium lösen können. Das können wir nicht. Wie Jakobus sagte, müssen wir alles tun, was in unserer Macht steht, um das Mitgefühl und die Liebe Jesu den bedürftigen Menschen zu demonstrieren. Aber wenn wir alles gesagt und getan haben, wird alles, was die Kirche für die entsetzliche Situation in der Welt heutzutage tun kann, vollkommen unzureichend sein. Es braucht die Wiederkehr Christi und die Errichtung Seines Königreichs, um diesem unerträglichen Leiden ein Ende zu setzen. Nur der Herr selbst kann das tun.

Vielmehr glaube ich, dass eine große Mehrheit der Menschheit gar nicht dazu bereit ist, die Bedingungen zu erfüllen, um ihre Bedürfnisse gedeckt zu bekommen. Das ist die Wurzel des Problems. Wenn Männer und Frauen ihre Rebellion gegen Gott nicht ablegen, verschließen sie sich gegenüber der Barmherzigkeit Gottes.

Allgegenwärtige Korruption

Wir müssen begreifen, dass die Rebellion der Menschheit die Korruption auf den gesamten Bereich der Schöpfung gebracht hat – auf alles, was Gott ursprünglich, ganz am Anfang, den Menschen übergeben hatte. Das war der tragische Ausgang des unverfrorenen Ungehorsams von Adam und Eva im Garten Eden. Jeder Bereich des menschlichen Lebens – geistlich, moralisch, körperlich und politisch – wurde verdorben. Gottes Ansicht über die Menschheit wird in Psalm 14,1-3 dargestellt:

Der Tor spricht in seinem Herzen: „Es ist kein Gott!" Sie haben Verderben angerichtet, sie tun abscheuliche Taten; da ist keiner, der Gutes tut. Der HERR hat vom Himmel herniedergeschaut auf die Menschenkinder, um zu sehen, ob ein Verständiger da ist, einer, der Gott sucht! Alle sind abgewichen, sie sind alle verdorben; da ist keiner, der Gutes tut, auch nicht einer.

Das ist die Menschheit in ihrem natürlichen Zustand, losgelöst von der Gnade Gottes. Das Schlüsselwort, das der Psalmist gebraucht, ist Verberden (*corrupt auf Englisch*). Es beschreibt ein Leben, wie wir es nun aufgrund der Rebellion der Menschen und dem Sündenfall führen. Von Korruption durchdrungen, die der Welt unermessliches Leid gebracht hat – Hass, Verbrechen, Krieg, Krankheit, Armut, Ungerechtigkeit und Unterdrückung. Zudem müssen wir uns eingestehen (und das ist sehr wichtig), dass diese Korruption fortschreitend und unumkehrbar ist. Es wird nicht besser sondern schlimmer und kann nicht widerrufen werden.

Warum sage ich, dass Korruption nicht rückgängig gemacht werden kann? Weil alle Korruption endgültig ist. Wir können sie hinauszögern, aber nicht aufheben. Beispielsweise ist Obst verweslich, es wird kurzerhand verrotten und verderben. Wir können das Verderben hinauszögern, indem wir das Obst in den Kühlschrank tun, dann wird es länger frisch bleiben. Jedoch können wir die begonnene Verwesung nicht mehr aufhalten. Das trifft auf die natürlichen sowie die geistlichen Bereiche dieser Welt zu.

Bedrohliche Zeiten

Paulus schreibt von Korruption und dessen Konsequenzen für die Menschheit in 2. Timotheus 3, 1-5:

Dies aber wisse, dass in den letzten Tagen schwere Zeiten eintreten werden; denn die Menschen werden selbstsüchtig sein, geldliebend, prahlerisch, hochmütig, Lästerer, den Eltern ungehorsam, undankbar, unheilig, lieblos, unversöhnlich, Verleumder, unenthaltsam, grausam, das Gute nicht liebend, Verräter, unbesonnen, aufgeblasen, mehr das Vergnügen liebend als Gott, die eine Form der Gottseligkeit haben, deren Kraft aber verleugnen. Und von diesen wende dich weg!

Paul beschreibt hier auf prophetische Weise, wie sich die Korruption, die durch die Rebellion der Menschen gegen Gott freigesetzt wurde, auf die Menschheitsgeschichte ausgewirkt hat. Achten Sie bitte darauf, dass Paulus hier von Menschen spricht, *„die eine Form der Gottseligkeit haben, deren Kraft aber verleugnen."* Eine Form der Gottseligkeit kann Korruption nicht rückgängig machen. Später im selben Kapitel schreibt Paulus: *„Böse Menschen aber und Gaukler werden im Bösen fortschreiten, indem sie verführen und verführt werden."* (2. Timotheus 3,13)

Ich möchte nachdrücklich feststellen, dass es auf der Grundlage der Schrift nur einen Erneuerer gibt, der mächtig genug ist, um die Veränderung zu bewirken, die in der Welt benötigt wird. Diese wird nur durch den unmittelbaren Eingriff Gottes kommen, wenn das Königreich des Messias auf der Erde aufgerichtet wird. Die Veränderung, die von Jesus, dem Messias, und Seiner Herrschaft auf der Erde, ausgehen wird, wird der Fokus unseres nächsten Kapitels sein.

Kapitel 9

Sein Königreich komme

Ich werde mein Kapitel mit der Aussage beginnen, die ich bezüglich der Verbannung des menschlichen Leids und Korruption gemacht habe: Auf der Grundlage der Schrift gibt es nur einen Erneuerer, der mächtig genug ist, eine weltweite Veränderung zu bewirken, die in der Welt benötigt wird – der unmittelbare Eingriff Gottes, durch das Errichten des Königreiches des Messias auf der Erde.

Prophetische Bilder

Die göttliche Lösung, von der wir sprachen, wird in der Bibel einige Male prophetisch dargestellt. Eines der schönsten Beispiele ist Jesaja 2,2-4:

Und es wird geschehen am Ende der Tage, da wird der Berg des Hauses des HERRN fest stehen als Haupt der Berge und erhaben sein über die Hügel; und alle Nationen werden zu ihm strömen.

Und viele Völker werden hingehen und sagen: Kommt, lasst uns hinaufziehen zum Berg des HERRN, zum Haus des Gottes Ja-

kobs, dass er uns aufgrund seiner Wege belehre und wir auf seinen Pfaden gehen!

Denn von Zion wird Weisung ausgehen und das Wort des HERRN von Jerusalem. Und er wird richten zwischen den Nationen und für viele Völker Recht sprechen. Dann werden sie ihre Schwerter zu Pflugscharen umschmieden und ihre Speere zu Winzermessern. Nicht mehr wird Nation gegen Nation das Schwert erheben, und sie werden den Krieg nicht mehr lernen.

Wir könnten diese letzten Worte, *„und sie werden den Krieg nicht mehr lernen"*, als ein frommes Gebet für den Weltfrieden gebrauchen. Aber die Wahrheit und Realität ist, dass sie sich niemals erfüllen werden, bis der Herr selbst auf der Erde regiert. Die Errichtung Seines Königreichs – und sie allein – kann andauernden Frieden bringen. Auch wenn ich glaube, dass wir die Verpflichtung haben, Sein Mitgefühl für die Leidenden zu demonstrieren, dürfen wir uns nicht zu der Annahme verleiten lassen, dass die Gemeinde oder Gesellschaft selbst allen Anforderungen der Menschheit gerecht werden kann. Menschlich gesehen ist es nicht möglich, sondern nur durch das Eingreifen Gottes.

Ein Portrait des Königreichs

Psalm 72 gibt uns ein weiteres wunderschönes Bild davon, wie meiner Meinung nach das messianische Königreich aussehen wird. Dieser Psalm ist ein Gebet des Königssohnes. Manche glauben, es bezieht sich auf David und seinen Sohn Salomo. Einige biblische Lehrer, zu denen ich auch gehöre, glauben jedoch, dass Psalm 72 letztendlich ein Gebet für den größeren Sohn Davids, Jesus, den Messias, ist. Es bezieht sich unmittelbar auf das Errichten Seines Königreiches auf der Erde.

Die ersten 14 Verse geben uns eine lebendige Beschreibung davon, wie Sein Königreich sein wird. In diesem Königreich wird es eine Verbannung von Unterdrückung, Ungerechtigkeit, Armut, Krankheit und Krieg geben. In diesem Psalm liegt ebenso eine besondere Betonung auf Gottes Herzensanliegen für Leidende, Erkrankte und Unterdrückte. Ich glaube, dass die meisten von uns keine Vorstellung davon haben, wie sehr Gott Unterdrückung und Ungerechtigkeit hasst.

O Gott, gib dem König deine Gerichte, und deine Gerechtigkeit dem Sohn des Königs! Er wird dein Volk richten in Gerechtigkeit, und deine Elenden nach Recht. Es werden dem Volk Frieden tragen die Berge und die Hügel durch Gerechtigkeit. (Psalm 72,1-3)

Es wird auf keine andere Weise als durch Gerechtigkeit jemals Frieden geben. Wie ich bereits vorhin sagte – es wird sehr viel davon gesprochen, für Frieden zu beten. Aber ich denke, dass das eher unrealistisch ist. Warum? Weil jeder gerne Frieden will – aber wie viele Menschen wollen Gerechtigkeit? Biblisch gesehen können wir abgesehen von Gerechtigkeit niemals wahren Frieden haben.

Den Unterdrücker zerstören

In Vers 4 geht der Psalm wie folgt weiter:

Er wird Recht schaffen den Elenden des Volkes; er wird retten die Kinder des Armen, und den Bedrücker wird er zertreten.

Heutzutage gibt es Millionen und Abermillionen bedürftige Kinder auf der Welt und der Herr sorgt sich um jedes einzelne.

Mir gefällt die Tatsache, dass der Herr die Unterdrücker zerstören wird. Manche werden denken, dass ein solcher Wunsch keine christliche Einstellung ist, aber ich werde mich freuen, wenn der Unterdrücker endlich zerstört ist. Ich werde mich freuen, wenn den Ungerechtigkeiten, die von Materialismus, Ambitionen, Kommunismus, radikalem Islam und Vorurteilen kommen, ein Ende gesetzt wird – sie müssen zerstört werden!

Die nächsten Verse (Psalm 72,5-11) verkünden, dass dieses Königreich ein ewiges sein wird, nicht nur ein vorübergehendes wie das von David oder Salomo.

Man wird dich fürchten von Geschlecht zu Geschlecht, so lange Sonne und Mond bestehen. Er wird herabkommen wie ein Regen auf die gemähte Flur, wie Regenschauer, Regengüsse auf das Land. In seinen Tagen wird der Gerechte blühen, und Fülle von Frieden wird sein, bis der Mond nicht mehr ist. Und er wird herrschen von Meer zu Meer, und vom Strom bis an die Enden der Erde. Vor ihm werden sich beugen die Bewohner der Wüste, und seine Feinde werden den Staub lecken; die Könige von Tarsis und von den Inseln werden Geschenke entrichten, es werden Abgaben darbringen die Könige von Scheba und Seba. Und alle Könige werden vor ihm niederfallen, alle Nationen ihm dienen.

Der Psalmist erklärt dann in den Versen 12-14, warum Gott die Armen und Bedürftigen segnet:

Denn erretten wird er den Armen, der um Hilfe ruft, und den Elenden, der keinen Helfer hat; er wird sich erbarmen des Geringen und des Armen, und die Seelen der Armen wird er retten. Von Bedrückung und Gewalttat wird er ihre Seele erlösen, und ihr Blut wird teuer sein in seinen Augen.

Sie sehen, Gott wird die Menschheit dazu auffordern, über das Blut der unschuldig umgebrachten Menschen Rechenschaft abzulegen. Das wird in Offenbarung 18,24 bestätigt:

Und in ihr wurde das Blut von Propheten und Heiligen gefunden
und von allen denen, die auf der Erde geschlachtet worden sind.

Zwei weitere Verse, Psalm 102, 17-18, verstärken das Bild der
Sorge Gottes für die Armen und Bedürftigen.

… wenn der HERR Zion wieder baut und erscheint in seiner
Herrlichkeit. Er wendet sich zum Gebet der Verlassenen und ver-
schmäht ihr Gebet nicht. (LUT)

Wenn wir von all dem Leid in der Welt überwältigt sind, dann
verrät uns Vers 18, was Er tun wird, wenn Er wiederkommt: „*Er*
wendet sich zum Gebet der Verlassenen und verschmäht ihr Gebet nicht."
Wenn der Herr in Seiner Herrlichkeit kommt, wird Er ein für alle
Mal die Armen und jene, die ungerecht gequält und unterdrückt
wurden, rechtfertigen.

Gebete in den Steinen

Zum Abschluss dieses Kapitels würde ich gerne ein Erlebnis teilen,
das ich in Jerusalem hatte, und welches mir die Treue des Herrn sehr
stark veranschaulichte. Einer der Orte in Jerusalem, die Ruth und
ich liebend gerne besuchten, war die Westmauer oder die Klagemauer. Sie ist die westliche Grundmauer des ehemaligen Tempelbereichs,
vermutlich für die jüdischen Menschen der heiligste Ort auf der Welt.
Sie (und viele andere) gehen dort regelmäßig hin, um ihre Gebets-
bücher zu lesen, Gottesdienste abzuhalten und Gebete vorzubringen.

Die Menschen, die die Mauer besuchen, bringen ihre Gebets-
anliegen vor, indem sie sie auf kleine Zettel schreiben und sie in die
Ritzen und Spalten zwischen den Felsen der Mauer stecken. Jedes
Mal, wenn man zur Klagemauer geht, findet man buchstäblich Tau-
sende kleine Schnipsel in den Spalten zwischen den Steinen vor.

An einem sehr windigen Tag besuchte ich die Klagemauer und der Wind blies einige dieser Papierfetzen aus den Spalten heraus und auf den Steinboden. Ich fühlte mich nur ein wenig zynisch, als ich mir diese kleinen Papierstücke anschaute und mir dachte, „Das war's nun mit diesen vielen Gebeten, die nicht beantwortet wurden."

Der Heilige Geist wies mich unmittelbar zurecht und sagte: „Aber es wird der Tag kommen, an dem eine Vielzahl an Gebeten in einer sehr kurzen Zeit erhört werden werden."

Vor meinem inneren Auge sah ich plötzlich, dass ein Aspekt des Kommens des Herrn ist, eine Antwort auf den Schrei der verzweifelten, armen und leidenden Menschen zu geben – denen, die tatsächlich nur wenig oder gar keine Hoffnung haben. Diese Weltordnung hat ihnen sehr wenig zu bieten. Aber wenn der Herr wiederkommt, werden diese Menschen eine der ersten Prioritäten auf Seiner Agenda sein und all ihre Gebete werden „in sehr kurzer Zeit" beantwortet werden.

Endgültiges Recht, Gerechtigkeit und Erlösung für die Armen und Bedürftigen wird endlich kommen, aber nur durch das Errichten des Königreichs Gottes auf der Erde. Und ob wir uns darüber bewusst sind oder nicht, beten wir jedes Mal dafür, wenn wir das Vaterunser beten und diese allzu vertrauten Worte, „Dein (König) Reich komme", sagen.

Wir beten für ebendiese Schaffung des messianischen Königreichs. Wenn wir die Menschheit auf dem Herzen haben, das Leiden der Menschheit auf dem Herzen haben, werden wir uns nach diesem Königreich sehnen – das nur mit Seiner Wiederkunft einhergehen wird.

Warum nehmen wir uns nicht eine Minute, um das Vaterunser gleich hier und jetzt zu beten, als Ausdruck unserer Sehnsucht nach Seinem Königreich – unserem Sehnen nach Seiner Wiederkunft?

Um es allen, die dieses Buch lesen, zu ermöglichen, dieses Gebet dem Herrn zu widmen, haben wir es hier abgedruckt:

Vater unser im Himmel,
geheiligt werde Dein Name.
Dein Reich komme.
Dein Wille geschehe,
wie im Himmel, so auf Erden.
Unser tägliches Brot gib uns heute,
und vergib uns unsere Schuld,
wie auch wir vergeben unseren Schuldigern.
Und führe uns nicht in Versuchung,
sondern erlöse uns von dem Bösen.
Denn Dein ist das Reich
und die Kraft
und die Herrlichkeit
in Ewigkeit.
Amen.

Kapitel 10

Die Erlösung der Schöpfung

Wir haben drei wichtige biblische Gründe unter- sucht, warum sich alle Christen nach der Wieder- kunft Christi sehnen sollten. Nun sind Sie mit diesen Gründen wahrscheinlich schon vertraut. Trotzdem werde ich einen kurzen Rückblick liefern:

1. Die Wiederkunft Jesu Christi am Ende des Zeitalters wird den Vollzug unserer persönlichen Errettung kennzeichnen und erfüllen. Damit beziehe ich mich auf die Erlösung unseres Körpers, die nicht vollkommen sein wird, bis Christus wiederkommt und unser Körper wie der Seine auferweckt und verherrlicht werden wird.

2. Seine Wiederkunft wird die Vollendung zweier Vereinigun- gen herbeiführen – unsere Vereinigung mit Christus selbst als dem Bräutigam, und unsere Vereinigung mit allen un- seren Glaubensgeschwistern. Paulus gebraucht diese wun- derschönen Worte, um diese doppelte Vereinigung zu be- schreiben: *„Also werden wir nun ewiglich mit dem Herrn sein."* Dieser endgültige, ewige Bund wird nie gebrochen werden.

3. Die Rückkehr Christi und die Errichtung Seines Königreichs ist die einzige Hoffnung für die leidende Menschheit. Sie ist die einzige Kraft und Autorität, die dazu in
   der Lage ist, Krieg, Armut, Krankheit, Unterdrückung,
   Ungerechtigkeit, Hass und allem anderen Übel, das heute
   das Gesicht des Planeten plagt, ein Ende zu setzen. Nur
   Jesus allein wird den Unterdrückten, den Kranken und
   den Leidenden, durch Seine persönliche Wiederkehr und
   das Aufstellen Seines Königreichs, Gerechtigkeit, Frieden,
   Erlösung und Befreiung bringen.

In diesem Kapitel werden wir den vierten Grund, warum wir
uns nach der Wiederkunft des Herrn sehnen sollten, unter die Lupe
nehmen. Was ist dieser Grund? Seine Wiederkehr wird die Erlösung aller Schöpfung herbeiführen. Den Umfang dieser Erlösung
zu verstehen, bringt uns ein wenig aus unserer persönlichen Situation hinaus, was vielen Christen schwer fällt. Einen Großteil der Zeit
leben wir hauptsächlich innerhalb des kleinen Kreises unserer eigenen Bedürfnisse und Probleme und heben nur selten unsere Augen
hinauf zum Horizont, um den kosmischen Bereich von dem, was
Gott tut, zu verstehen.

Der wahre Mittelpunkt

Nachdem ich nahezu mein ganzes Leben im Dienst verbracht
habe, bin ich zu der Auffassung gekommen, dass der Großteil der
Christenheit zu einem Teil so ist, wie die Astronomie vor Kopernikus. Astronomen im Mittelalter glaubten nur, was sie auch sehen
konnten; in diesem Fall war das die Sonne, wie sie alle 24 Stunden
um die Erde kreiste. Ihre Astronomie war geozentrisch, das heißt
„auf die Erde gerichtet" – die Sonne bewegte sich um die Erde

herum. Im frühen 16. Jahrhundert erklärte Kopernikus jedoch, dass diese Theorie falsch war. In Wirklichkeit kreist die Erde um die Sonne.

Jahre später erweiterte Galileo die Arbeit von Kopernikus. Als Galileo die Erkenntnisse von Kopernikus bestätigte, ließ die Katholische Kirche alle seine Schriften verbieten und stellte ihn aufgrund seiner Überzeugung unter Hausarrest. Ist es nicht interessant, dass die Gemeinde diese Offenbarung nicht tolerieren konnte? Ich glaube, da steckte viel mehr als ein bloßer Widerstand gegen neue Ideen dahinter. Ich denke, die Kirche sträubte sich, weil sie das Gefühl genoss, das Zentrum des Universums zu sein.

Es scheint mir, dass auch heute einige Christen in dieser Einstellung verfangen sind – dass sich alles um sie dreht. Die Wahrheit ist jedoch ganz das Gegenteil. Jesus Christus, die *„Sonne der Gerechtigkeit"* (Maleachi 4,2), dreht sich nicht um uns herum. Wir bewegen uns um Ihn herum – und Er ist die Sonne, die niemals untergeht.

Nicht was wir wollen oder denken ist das Wichtige. Unsere Probleme und Bestrebungen sind nicht das Zentrum des Universums. Sein Wille, Seine Ziele und Seine Prioritäten sind das Zentrum. In vielen Teilen der christlichen Welt heute bedarf es einer mentalen Revolution, die ebenso schwerwiegend ist, wie die vom mittelalterlichen zur kopernikanischen Astronomie, die die Sonne ins Zentrum des Universums stellte. Wir müssen lernen, anders über uns selbst zu denken. Die Sonne – der Sohn, geht nicht unseretwegen auf oder unter.

Die Tragödie ist, dass solange Sie und ich mit unseren eigenen Nöten beschäftigt sind, wir auch weiterhin in ihnen leben werden. Der Weg aus Ihren „Nöten" heraus ist *nicht*, sie alle befriedigt zu bekommen. Der Weg aus Ihren Nöten heraus ist, in etwas Größeres als Sie selbst involviert zu sein. Dann werden Sie Ihre Nöte überraschenderweise nicht mehr als so wichtig empfinden. Viele werden sogar verschwinden!

Den Trend rückgängig machen

Ein großer Teil der Gemeinde heutzutage ist zu der bedürfnisorientiertesten Menschengruppe geworden, die es jemals auf dieser Welt gegeben hat. Wenn Sie ein beliebter Pastor oder Sprecher werden wollen, predigen Sie einfach darüber, wie Bedürfnisse erfüllt werden können. Ist das nicht der aktuelle Trend? Sagen Sie Menschen, wie sie geheilt werden oder gedeihen können, und alles haben können, was sie wollen – und noch mehr! Auch wenn in diesen Nachrichten Wahrheit steckt, geraten wir doch in Gefahr, wenn diese unvollständige Wahrheit zum totalen Zentrum wird. Was wirklich zählt, ist was Gott will. Seine Absichten sollten unser Fokus sein.

Was war die erste Bitte, die Jesus uns zu beten lehrte? *„Dein Königreich komme, Dein Wille geschehe."* Erst nachdem wir Sein Königreich zur Priorität gemacht haben, fragen wir nach dem, was wir brauchen: *„unser tägliches Brot gib uns heute, vergib uns unsere Schuld, erlöse uns von dem Bösen."* Wir müssen uns an die Reihenfolge halten. Wir müssen unseren Blick wenden, weg von unseren eigenen Nöten – egal ob bzgl. unser tägliches Brot, Vergebung oder Erlösung – und unseren Blick auf das höchste und allgemeine Ziel Gottes richten. Dieses Ziel ist in der Tat sehr simpel und elementar: das Kommen Seines Königreichs in unser Leben und die Welt.

Ichbezogenheit ist ein Gefängnis, in dem Satan die meisten Menschen gefangen hält. Mein Freund Bob Mumford sagt: „Als die Menschheit gefallen ist, wurde sie in eine kleine Ich-Box ein-geschlossen." Wir brauchen die Gnade Gottes, um diese Box zu zerstören und frei zu werden, sodass wir Sein Königreich sehen und erleben können. Die fröhlichsten Menschen sind jene, die nicht für sich selbst leben; Menschen, die für andere leben — und für das Königreich Gottes.

Die ganze Schöpfung

Nun wollen wir diese Frage des richtigen Fokus' zurück auf unsere Schlüsselfrage beziehen: Warum sollten wir uns nach Seiner Wiederkunft sehnen? Wir schauen über uns selbst hinaus, da wir in etwas hineinkommen, das viel größer ist als wir. Es mag uns kein Geld oder neues Auto, Erfolg oder Wohlstand einbringen. Aber es ist aufregend, den vierten Grund, warum wir uns nach der Wieder-kunft Jesu Christi sehnen sollten, zu kennen. Sie wird nämlich die Erlösung der Schöpfung herbeiführen!

Wir müssen verstehen, dass die Erlösung aller Schöpfung größer ist, als wir und unsere Bedürfnisse. Römer 8,18-19 stellt uns diesen Gedanken vor, beginnend mit einem Bezug auf Leiden in Vers 18:

Denn ich halte dafür, dass die Leiden der Jetztzeit nicht wert sind, verglichen zu werden mit der zukünftigen Herrlichkeit, die an uns geoffenbart werden soll. Denn das sehnsüchtige Harren der Schöp-fung wartet auf die Offenbarung der Söhne Gottes.

Es ist offensichtlich, dass Paulus diesen Abschnitt aufgrund sei-ner eigenen Leidenserfahrungen schrieb. Wenn Sie die Liste mit all dem, was er durchgemacht hat, lesen (siehe 2. Korinther 11,23-28), lässt es sich nicht verleugnen, dass Paulus gelitten hat. Genau ge-nommen hat keiner von uns jemals irgendetwas erlebt, das dem Leiden Paulus' auch nur ansatzweise ähneln würde. Trotzdem schreibt Paulus, dass seine Leiden es nicht wert sind, mit Herrlichkeit, die offenbart werden wird, verglichen zu werden. Dann fährt er fort:

Denn das sehnsüchtige Harren der Schöpfung wartet auf die Offenbarung der Söhne Gottes.   (Römer 8,19)

Wer sind die Söhne Gottes? Wir.

Sehen Sie, die ganze Schöpfung wartet darauf, dass die Gemeinde aufwacht und in ihre wahre Rolle hineintritt. Das ist doch irgendwie peinlich, oder? Vor allem, wenn man bedenkt, wie weit wir davon entfernt sind, eine erlösende Kraft in der Gesellschaft zu sein. Vers 20 in Römer 8 gibt den Grund, warum die Schöpfung eifrig wartet:

Denn die Schöpfung ist der Vergänglichkeit [Eitelkeit] unterworfen worden – nicht freiwillig, sondern durch den, der sie unterworfen hat – auf Hoffnung hin.

Immer, wenn Sie das Wort *Eitelkeit* oder *Vergänglichkeit* in diversen Büchern der Bibel lesen, sollte es Sie zurückbringen zum Buch Prediger. Wissen Sie, wie das Buch beginnt? *„Eitelkeit der Eitelkeiten! spricht der Prediger; Eitelkeit der Eitelkeiten! Alles ist Eitelkeit"* (Prediger 1,2). In diesem einleitenden Vers kommt das Wort *Eitelkeit* bereits fünf Mal vor. Das gleiche Wort erscheint 37 Mal in der King James Übersetzung vom Buch Prediger. Warum ist Eitelkeit oder Vergänglichkeit ein Hauptthema in diesem Buch der Bibel? Weil Salomo sich nur mit den „Dingen unter der Sonne" beschäftigte – in anderen Worten, der sichtbaren, temporären und materiellen Welt. Obwohl er der wohlhabendste und weiseste Mann seiner Zeit war, richtete er in seiner endgültigen Analyse alles als Eitelkeit. Es gibt keine permanente Antwort oder Zufriedenheit in der temporären, materiellen Welt. Wenn jemand Zufriedenheit gehabt haben könnte, dann wäre es Salomo. Aber er kam zu dem Schluss, dass alles Vergänglichkeit war.

Das Gesetz der Entropie

Vergänglichkeit ist nicht nur eine Angelegenheit der subjektiven Erfahrung eines Menschen. Sie ist in der Tat ein universelles Gesetz – völlig in Übereinstimmung mit der Physik. Das zweite Gesetz der Thermodynamik, das Gesetz der Entropie, besagt schlichtweg (in einfacher Sprache), dass das Universum zunehmend unorganisierter wird. Es stehen immer weniger Kräfte für nützliche Arbeit zur Verfügung und sofern nicht externe Kräfte arbeiten, um ein System aufrechtzuerhalten, wird es Schritt für Schritt in Unordnung und Vergänglichkeit verkommen.

Für mich ist das so verblüffend, da obwohl Entropie ein geltendes, akzeptiertes Gesetz der Physik ist, ich nie verstehen konnte, wie Wissenschaftler dieses Gesetz mit der Evolutionstheorie in Einklang bringen können. Für mich klingt es so, als stehen die beiden Konzepte im direkten Widerspruch zueinander. Als professioneller Student und Lehrer der Philosophie habe ich die Evolutionstheorie nie geglaubt, als ich sie studiert habe. Selbst als mir Christus und die Gemeinde noch fremd waren, konnte ich die Evolutionstheorie nicht glauben, weil sie mit Widersprüchen nur so zu strotzen scheint.

Lassen Sie uns nun das Konzept der Vergänglichkeit bezogen auf den Sündenfall betrachten. Als der Mensch gegen Gott rebellierte, litt nicht nur er und seine Nachkommenschaft, sondern die ganze Schöpfung darunter. So hat Gott nach dem Sündenfall Gericht über Adam gesprochen, wie aufgezeichnet in 1. Mose 3,17-19:

Und zu Adam sprach er: Weil du auf die Stimme deiner Frau gehört und gegessen hast von dem Baum, von dem ich dir geboten habe: Du sollst davon nicht essen! – so sei der Erdboden deinetwegen verflucht: Mit Mühsal sollst du davon essen alle Tage deines Lebens; und Dornen und Disteln wird er dir sprossen lassen, und du wirst das Kraut des Feldes essen! Im Schweiße deines Angesichts wirst du dein Brot essen, bis du zurückkehrst zum Erdboden, denn von ihm bist du genommen. Denn Staub bist du, und zum Staub wirst du zurückkehren!

Bitte achten Sie auf die zwei Aussagen über den Erdboden: „*So sei der Erdboden verflucht ... Dornen und Disteln wird er dir sprossen lassen.*" Vor dem Sündenfall gab es keine Dornen oder Disteln! Der Mensch war Gott gegenüber verantwortlich, weil er Gottes autorisierter Stellvertreter über die ganze Erde war. Daher war auch sein ganzer Herrschaftsbereich vom Sündenfall betroffen. Diese Tatsache ist außergewöhnlich, aber wahr.

Als Jesus, nachdem Er ausgepeitscht worden war, vor Pilatus gebracht wurde, zogen Ihm die römischen Soldaten einen purpurfarbenen Mantel an und drückten eine Dornenkrone auf Seinen Kopf. Purpurner Stoff wurde mit dem Purpur der Distel gefärbt. Daher war Sein Tragen der Dornenkrone und des Purpurnen der Distel ein Zeugnis dafür, dass Er den Fluch trug, der die Sünde des Menschen auf die Erde gebracht hatte. Es war zudem eine Erinnerung daran, dass, weil Jesus zum Fluch gemacht wurde, die ganze Erde letztendlich von diesem Fluch erlöst werden wird. Nichtsdestotrotz würde die Umkehrung dieses Fluches nur geschehen können, wenn die Söhne Gottes voll zu ihrem Recht kommen, wie wir am Ende des 20. Verses sehen. Lassen Sie uns nun in Römer 8 weiterlesen, beginnend mit Vers 20:

Denn die Schöpfung ist der Vergänglichkeit [Eitelkeit] *unterworfen worden – nicht freiwillig, sondern durch den, der sie unterworfen hat – auf Hoffnung hin, dass auch selbst die Schöpfung von der Knechtschaft der Vergänglichkeit* [des Verderbens] *frei gemacht werden wird zur Freiheit der Herrlichkeit der Kinder Gottes. Denn wir wissen, dass die ganze Schöpfung zusammen seufzt und zusammen in Geburtswehen liegt bis jetzt.* (Römer 8,20-22)

Sich mit der Schöpfung identifizieren

Wenn wir, als die Kinder Gottes, in unsere Herrlichkeit kommen, wird die Schöpfung freigesetzt werden. Das meint Paulus, wenn er schreibt: „*Denn wir wissen, dass die ganze Schöpfung zusammen seufzt und zusammen in Geburtswehen liegt bis jetzt.*" Waren Sie sich bisher über diese Tatsache bewusst? Wussten Sie, dass unser Sündenfall diese Qual über die gesamte Schöpfung gebracht hat? Die ganze Schöpfung befindet sich im Prozess der Geburtswehen, um ein neues Zeitalter hervorzubringen – das messianische Zeitalter. Aber nicht nur die Schöpfung seufzt. Paulus fährt fort in Vers 23:

Nicht allein aber sie, sondern auch wir selbst, die wir die Erstlingsgabe des Geistes haben, auch wir selbst seufzen in uns selbst und erwarten die Sohnschaft; die Erlösung unseres Leibes.

Paulus schreibt, dass jene von uns, die die Erstlinge des Geistes haben, sich darüber bewusst sind, was sich innerhalb der Schöpfung so abspielt. Innerlich identifizieren wir uns damit. Ein wahres Kennzeichen der Menschen, die die Erstlinge des Geistes haben, ist, dass sie sich mit dem Leiden der ganzen Schöpfung identifizieren. In der Tat haben wir Anteil an den Leiden mit unseren eigenen Geburtswehen, um die Erlösung herbeizuführen.

Ist Ihnen das Wort *erwartend* aufgefallen? Wir sind wieder dort, wo wir angefangen haben, bei unserem ursprünglichen Grund, warum wir uns nach Seiner Wiederkunft sehnen sollten: die Erlösung unseres Körpers. Wenn unsere Körper erlöst sind und wir unsere auferstandenen Körper erhalten, wird die ganze Schöpfung eine dramatische und herrliche Veränderung erleben. Ist das nicht aufregend? Die bevorstehende Freisetzung von uns und der gesamten Schöpfung ist ein weiterer Grund dafür, sich nach Seiner Wiederkunft zu sehnen. Ich denke, dass es uns unmöglich ist, diese Wahrheit zu begreifen, ohne uns wahrhaftig zu freuen.

Kapitel 11

Die Vorfreude der Natur

Im vorigen Kapitel haben wir das Seufzen der Schöpfung, die auf ihre volle Erlösung bei Christi Wiederkunft wartet, betont. Wir Menschen selbst seufzen mit der ganzen Schöpfung und warten auf die gleiche aufregende Erlösung!

Auch wenn Sie nicht aufgeregt sind, die Natur ist es! In diesem Kapitel werden wir uns ein paar Abschnitte aus den Psalmen 96 und 98 anschauen, die das Verlangen der Natur nach der Erlösung der Schöpfung, die bei dem Erscheinen des Herrn eintreten wird, bestätigen.

Es freue sich der Himmel, und es frohlocke die Erde! Es brause das Meer und seine Fülle. (Psalm 96,11)

Es wird gewaltig sein, wenn das Meer beginnt zu brüllen. Jesus sagte, dass das eines der Zeichen direkt vor Seinem Kommen sein würde – dass die Menschen wegen dem Brausen der Meereswellen vor Furcht vergehen werden (siehe Lukas 21,25-26). Ich glaube, dass diese zwei Bibelstellen unmittelbar miteinander verbunden sind.

Es brause das Meer und seine Fülle! Es frohlockt das Feld und alles,
was darauf ist! Auch alle Bäume im Wald sollen jubeln vor dem
HERRN! Denn er kommt, denn er kommt, die Erde zu richten.
Er wird die Welt richten in Gerechtigkeit und die Völker in seiner
Wahrheit.   (Psalm 96,11-13)

Sie sehen, es gibt keine andere Antwort auf die Probleme dieser
Welt außer Gerechtigkeit. Ganz gleich, ob es unsere persönlichen
Probleme, die Probleme der Menschheit oder die Probleme dieser
Welt betrifft. Die einzige Lösung ist Gerechtigkeit, und Gerechtig-
keit wird nicht hergestellt sein, bevor der Herr wiederkommt.

Glauben freisetzen

Während unserer Betrachtung der Psalmen, die von der Schöpfung sprechen, kommen wir nun zum Psalm 98. Obwohl er Psalm
96 sehr ähnelt, ist er doch in vielerlei Hinsicht noch lebhafter – vor
allem in den Versen 7-9:

Es brause das Meer und seine Fülle, die Welt und die darauf woh-
nen! Die Ströme sollen in die Hände klatschen, alle Berge zusam-
men sollen jubeln vor dem HERRN! Denn er kommt, die Erde zu
richten. Er wird die Welt richten in Gerechtigkeit und die Völker in
Geradheit [Fairness].

Immer wenn ich den Anfang dieser Passage laut lese, ist es fast
so, als würde ich dabei mithelfen, die Wiederkunft des Herrn ein-
zuläuten! Wenn ich lese, dass Gott sagt, „*Es brause das Meer*", kann
ich das gleiche im Glauben auch sagen. Wenn ich nur einfach über
dieses Konzept nachdenke, scheint es nicht viel Wirkung zu haben. Aber wenn ich es *ausspreche*, ist es fast so, als ob ich dem Meer
Raum gebe, seine Aufgabe zu erfüllen. So lese ich auch die Bibel.

Immer wenn ich bete, setze ich zu einem Großteil der Zeit Gottes Wort in eine Situation hinein frei. Ich proklamiere, was Gott bereits gesagt hat.

Betrachten wir beispielweise die Situation in Israel und dem Nahen Osten. Es gibt eine interessante Bibelstelle, die besagt: *„Denn das Zepter* [die Rute] *der Gottlosigkeit wird nicht mehr ruhen auf dem Erbe der Gerechten, damit nicht auch die Gerechten ihre Hände nach Unrecht ausstrecken"* (Psalm 125,3). Wenn ich für Israel und den Nahen Osten bete, deklariere ich diese Verheißung in den unsichtbaren Bereich hinein. Weil es das Wort Gottes ist und ich es mit Glauben verkünde, hat es die gleiche Wirkung, als würde Gott es selbst sagen.

Können Sie das annehmen? Die Wahrheit ist, dass, wenn Gottes Glaube durch Sein Wort fließt, es egal ist, ob Er oder wir es gesagt haben. Daher können wir diesen Psalm im Glauben lesen und die Schöpfung für das Kommen des Herrn freisetzen.

Es brause das Meer und seine Fülle, der Erdkreis und die darauf wohnen! Mögen die Ströme in die Hände klatschen.

Können Sie sich vorstellen, wie die Ströme in die Hände klatschen? Ich stelle mir vor, wie der Wind über die Flüsse weht und das Wasser aufschäumt, als würde es in die Hände klatschen.

Mögen jubeln die Berge allzumal vor Jahwe! Denn er kommt, die Erde zu richten: Er wird den Erdkreis richten in Gerechtigkeit und die Völker in Geradheit.

Wenn wir über diese Verse in Psalm 98 nachdenken, möchte ich eine herausfordernde Frage stellen: *Könnte es sein, dass sich die Natur mehr freut, als die Gemeinde?* Es ist ein eigenartiger Gedanke, dass die Schöpfung irgendwie versteht, was eine Menge Christen nicht verstehen. Die Schöpfung selbst weiß, dass ihre Erlösung von unserer Erlösung abhängt. Und daher sehnt sie sich nach unserer Erlösung; sie bereitet sich darauf vor, den Herrn willkommen zu heißen, wenn Er in Herrlichkeit wiederkommt.

Unseren Stand einnehmen

Wenn Sie sich nicht auf das Kommen des Herrn freuen, verpassen Sie einiges der Freude Ihrer Errettung. Sie leben vielleicht sogar in einem Maß des Glaubens, das beachtlich niedriger ist, als das, was Gott sich für Sie wünscht. Offen gestanden leben Sie vielleicht mehr auf der Ebene Ihrer Probleme, als auf der Ebene der Vision und des Glaubens, die sie aus diesen Problemen herausholen kann.

Wenn wir nun dieses Kapitel abschließen, möchte ich Ihnen nahelegen, die Tatsache zu ergreifen, dass es diese gesegnete Hoffnung gibt, die der Gemeinde vorgelegt wird:

1. Sie ist der Vollzug unserer persönlichen Errettung in der Auferstehung unserer Körper.

2. Sie ist die Vollendung unserer Vereinigung mit dem Herrn und miteinander.

3. Sie ist die einzige Hoffnung für die leidende Menschheit.

4. Sie ist die Erfüllung der Erlösung für diese Erde, für die Schöpfung.

Diese Hoffnungen sollten uns enorme Freude bereiten. Mich beeindruckt es, dass so viele von Gottes Zielen von uns abhängen – der Gemeinde. Schließlich sind wir der Leib Christi. Gott wird nicht irgendetwas auf der Erde tun, dass Seinen Leib umgeht, denn das würde das Haupt, Jesus, entehren. Wir müssen uns unserem Schicksal stellen. Wir müssen weniger Zeit mit elektronischen Geräten und anderen Ablenkungen verbringen – und mehr Zeit mit der Bibel.

Pausieren und Betrachten

Wenn wir jetzt diesen ersten Teil der Studie abschließen, würde ich Sie dringend bitten, einen Moment innezuhalten und Ihre Gedanken dem Thema der Wiederkunft des Herrn zuzuwenden. Wenn Ihnen bewusst wird, dass Sie sich nicht so über das Kommen des Herrn freuen, wie Sie es sollten, öffnen Sie sich dem Herrn darüber. Erkennen Sie die Wahrheit an, dass Sie vielleicht anderen Problemen und Bedenken gestattet haben, zwischen Sie und diese herrliche Hoffnung zu kommen. Vielleicht sind Sie zu tief in den Dingen der Welt und Ihren eigenen Problemen verwurzelt.

Wenn Sie merken, dass das bei Ihnen der Fall ist, dann bitten Sie den Herrn um Vergebung. Bitten Sie Ihn um Barmherzigkeit und eine geistliche Erneuerung in Ihrem Leben. Bitten Sie Ihn um Seine Hilfe, wenn Sie Ihre Prioritäten erneut mit Seinen in Einklang bringen. Wenn der Heilige Geist in Ihrem Herzen am Arbeiten zu sein scheint, während Sie darüber nachdenken, würde ich Sie ermutigen, sich einen Moment zu nehmen und das folgende Gebet mit mir zu beten:

Herr Jesus Christus, ich glaube, dass Du in Herrlichkeit kommst. Ich glaube, dass mir diese gesegnete Hoffnung bevorsteht. Aber Herr, diese Hoffnung ist in meinen Gedanken etwas abgeklungen und hat in meinen Prioritäten an Stellenwert verloren. Ich habe anderen Angelegenheiten und Sorgen zu viel Aufmerksamkeit gegeben. Herr, ich bitte Dich um Vergebung. Bitte setze mich frei von jeglicher Ge-

bundenheit und mache die Realität Deines Kommens sehr lebendig für mich.

Hilf mir, Herr, mich angemessen vorzubereiten – dass ich bereit sein möge für egal was auf der Erde geschehen wird, und dass ich vor Dir stehen kann, dem Menschensohn. Ich sehne mich danach, Dich in Deiner Herrlichkeit zu sehen und in Dein Ebenbild verwandelt zu werden. Amen.

Wenn Sie dieses Gebet gebetet haben, strecken Sie sich im Glauben aus und seien Sie in Erwartungshaltung, dass Gott Ihre Prioritäten verändern wird.

Die nächsten Schritte

Jetzt wo wir uns mit dem *warum* für unser Sehnen nach der Wiederkunft des Herrn beschäftigt haben, wollen wir nun in der Schrift nach praktischer Hilfe schauen: Wie bereite ich mich auf das Kommen des Herrn vor? Welche praktischen Ziele und Aktivitäten sollte ich vornehmen, sodass ich bereit bin, wenn Er kommt? Diese Dinge werden der Fokus der nächsten Kapitel in *Sehnsucht nach Seiner Wiederkunft* sein.

Kapitel 12

Wie können wir uns vorbereiten?

W ährend wir mit unserem Thema *Sehnsucht nach Seiner Wiederkunft* fortfahren, müssen wir erneut begreifen, dass es ein Thema ist, das unseren kompletten Lebensmittelpunkt radikal verändern kann. Am Kern der Sache ist eine eindringliche Frage, die Sie und ich beantworten müssen: Sehnen wir uns nach dem Kommen des Herrn?

Diese Frage kam mir, als ich über den grundlegenden Text unserer Studie von 2. Timotheus 4,8 meditierte. Der Schauplatz für diesen von Apostel Paulus verfassten Vers ist, dass er im Gefängnis und dem Ende seines Lebens nahe ist. Er schreibt Timotheus diese Worte:

… fortan liegt mir bereit der Siegeskranz der Gerechtigkeit, den der Herr, der gerechte Richter, mir als Belohnung geben wird an jenem Tag; nicht allein aber mir, sondern auch allen, die sein Erscheinen lieb gewonnen haben.

In diesem Abschnitt zieht Paulus den Schluss, dass es innerhalb der ganzen Christenheit eine besondere Gruppe Gläubiger gibt, „*die Seine Erscheinung lieben*". (In anderen Übersetzungen auch übersetzt mit: *„die sich nach Seinem Erscheinen gesehnt haben"*.) Für diese besondere Gruppe hat Gott eine besondere Ehre, den Siegeskranz der Gerechtigkeit. Diese Realisierung brachte mich zu der Frage, die wir uns alle als Gläubige stellen müssen: *Sehnen wir uns nach Seiner Wiederkunft? Und wenn nicht, warum?*

Im Verlauf meiner Studie konzentrierte ich mich auf vier biblische Gründe, warum sich jeder Christ nach der Wiederkunft des Herrn Jesus Christus sehnen sollte. Wir haben diese Punkte in den vorausgegangenen Kapiteln abgedeckt, aber lassen Sie uns diese Gründe erneut kurz wiederholen:

Erstens wird die Wiederkunft Jesu in Herrlichkeit den Vollzug unserer persönlichen Errettung bewirken. Damit beziehe ich mich auf die Umwandlung unseres Körpers in eine verherrlichte Form wie der von Christus, die den Errettungsprozess für uns alle vollenden wird.

Zweitens wird die Wiederkunft des Herrn Jesus den bedeutungsvollsten Höhepunkt der ganzen Geschichte herbeiführen – die endgültige Vollendung unserer Vereinigung, mit Jesus als unserem Bräutigam beim Hochzeitsmahl, sowie die Vereinigung miteinander als Brüder und Schwestern. Paulus sagt im Angesicht dieser Vereinigungen: *„Also werden wir allezeit bei dem Herrn sein."* Nach diesem prachtvollen Ereignis wird es keine Trennung mehr geben, sondern eine vollkommene und wunderbare Einheit in Ewigkeit.

Drittens habe ich ausgeführt, dass das Errichten des Königreichs Jesu die einzige Hoffnung für die leidende Menschheit ist. Nur Sein Königreich kann das unermessliche und unvorstellbare Leiden der Menschheit in unserer Zeit – Kriege, Krankheit, Armut, Unterdrückung, Verbrechen, Hass und Gewalt – alles Übel, mit dem wir geplagt werden, beenden. Die Gemeinde kann eine wunderbare Demonstration der christlichen Liebe geben, aber die Kirche kann ohne die Rückkehr Christi nicht Sein Königreich auf der Erde errichten. Das Aufstellen Seines Königreichs wird nur durch das persönliche Erscheinen des Messias, Jesus, herbeigeführt werden.

Der vierte Grund (der die Grenzen unserer persönlichen Interessen übersteigt) ist, dass nur durch das Erscheinen des Herrn Jesus die Schöpfung von der Sklaverei der Korruption und Vergänglichkeit, der sie seit dem Sündenfall unterliegt, freigesetzt werden kann. Aufgrund dieser vier Gründe sollte sich jeder Gläubige nach der Wiederkunft des Herrn Jesus sehnen.

Wenn wir diese vier Gründe als wahr anerkennen, wäre es sinnvoll, sich selbst einmal eine weitere herausfordernde Frage zu stellen: Wenn wir uns wahrhaftig nach der Wiederkunft des Herrn sehnen, was werden wir damit anfangen? Es ist nicht genug, nur zu sagen, dass wir uns nach Christi Wiederkunft sehnen. Diese Sehnsucht sollte in der Art, wie wir leben, demonstriert werden.

Aus meinem Studieren der Schrift heraus glaube ich, dass es mindestens vier praktische Wege gibt, wie unser Sehnen nach Seiner Wiederkunft bewirken wird, dass wir auf eine Art und Weise leben, die sich von jenen unterscheidet, die Seine Wiederkunft nicht sehnlichst erwarten. In diesem Teil und dem Rest der Kapitel dieses Buches werden wir uns mit allen vier praktischen Wegen auseinandersetzen.

Persönliche Heiligkeit

Wenn wir das Kommen des Herrn sehnlichst erwarten, würde es nur Sinn machen, dass Sie und ich auch Veränderungen in unserem Leben durchführen, um uns auf dieses Ereignis vorzubereiten. Was ist der erste Schwerpunkt für uns?

Ein guter Ort, um nach der Antwort auf diese Frage zu schauen, wäre im Leben der Apostel. Als ich das Neue Testament las, fiel mir auf, dass unterhalb der ersten Gläubigen die größte Motivation für ein heiliges Leben die Erwartungshaltung über die Wiederkehr Christi war. Eine persönliche Sehnsucht nach Seiner Wiederkunft wird uns dazu führen, persönliche Heiligkeit zu kultivieren. Meine eigene Überzeugung und Beobachtung ist, dass wenn Christen nicht in einer eifrigen Erwartung der Rückkehr des Herrn leben, die Betonung auf Heiligkeit viel geringer ist als die im Neuen Testament.

Die folgenden vier Schriftstellen sind sehr kraftvoll und sprechen eindeutig für sich selbst, daher werde ich mich mit ihnen nicht im Detail befassen. Sie werden jedoch sehen, dass in jeder dieser Schriftstellen die Vorfreude auf die Rückkehr des Herrn die grundlegende Motivation für aufrichtige Heiligkeit ist.

Zuerst wollen wir uns Titus 2, 11-14 anschauen. Wir haben auf diesen Abschnitt in einem anderen Teil bereits Bezug genommen, aber er ist es wert, nochmals gelesen zu werden.

Denn die Gnade Gottes ist erschienen, heilbringend für alle Menschen, und unterweist uns, auf dass wir, die Gottlosigkeit und die weltlichen Lüste verleugnend, besonnen und gerecht und gottselig leben in dem jetzigen Zeitlauf. (Titus 2, 11-12)

Wie bereits erwähnt: Gnade ist geschenkt, aber nicht billig. Wir können nichts tun, um sie zu verdienen. Aber wenn wir sie erhalten, legt sie uns Verpflichtungen auf. Gnade lehrt uns zum einen, dass wir ein bestimmtes Leben führen sollen – *„besonnen und gerecht und gottselig leben in dem jetzigen Zeitlauf."*

Dann im nächsten Vers erklärt Paulus den genauen Grund für ein solches Leben:

Indem wir erwarten die glückselige Hoffnung und Erscheinung der Herrlichkeit unseres großen Gottes und Heilandes Jesus Christus.
(Titus 2,13)

Was ist unsere Motivation für Heiligkeit? Es ist das Erwarten der Wiederkunft des Herrn Jesus. Dann sagt Paulus dies, bezogen auf Jesus:

Der sich selbst für uns gegeben hat, auf dass er uns loskaufte von aller Gesetzlosigkeit und reinigte sich selbst ein Eigentumsvolk, eifrig in guten Werken.
(Titus 2,14)

Dieser Abschnitt bestätigt ganz klar, dass die Erlösten des Herrn eine besondere Art von Menschen sind. Was kennzeichnet sie? Die Tatsache, dass sie um gute Werke bemüht sind und eifrig sind, in jedem Lebensbereich ihr Bestes zu tun.

Tadellose Herzen

In 1. Thessalonicher 3, 12-13 schreibt Paulus dieses Gebet:

Euch aber lasse der Herr zunehmen und überreich werden in der Liebe zueinander und zu allen – wie auch wir euch gegenüber sind –, um eure Herzen zu stärken, untadelig in Heiligkeit zu sein vor unserem Gott und Vater bei der Ankunft unseres Herrn Jesus mit allen seinen Heiligen.

Unsere Herzen sollten tadellos in Heiligkeit befestigt sein, was ein sehr hoher Standard ist. Aber diese Heiligkeit kommt zustande, wenn wir das Kommen unseres Herrn Jesus Christus mit all Seinen Heiligen voll und ganz im Blick haben. Dieser Abschnitt weist mich darauf hin, dass wenn Christus erscheint und Er all Seine Heiligen in ihren auferweckten Körpern um sich vereint, jeder von uns dem ganzen Universum offenbart werden wird. Das Maß an Heiligkeit in unserem Leben wird jedem offenbar sein.

Paulus wendet sich immer und immer wieder diesem Thema zu, vor allem in den Briefen an die Thessalonicher. Wenn Jesus wiederkommt, wird dem Universum das Maß an Heiligkeit jedes Christen offenbart werden. Dieser Gedanke sollte uns herausfordern!

In 2. Petrus 3, 11-14 spricht Petrus das Thema unserer Vorfreude auf die Rückkehr des Herrn an, was er den *„Tag des Herrn"* nennt. Er beginnt mit einem tiefgreifenden Gedanken:

Da dies alles (die materielle Welt) so aufgelöst wird, was für Leute müsst ihr dann sein …?

Alle materiellen Dinge werden letzten Endes aufgelöst werden. Alles, was wir um uns herum sehen, das einen so soliden und permanenten Eindruck macht – die Berge, die großen Steingebäude, die Kathedralen, die mächtigen Lokomotiven, die Ozeandampfer, die Flugzeuge – sie werden alle eines Tages vergehen. Wir neigen dazu, die materielle und physische Welt als real anzusehen. Die Bibel sagt uns jedoch, dass sie nur temporär ist. Die „Dinge", die wirklich real sind, sind die unsichtbaren – die geistlichen und ewigen.

Alexander der Große eroberte die bekannte antike Welt in zehn Jahren, was vielleicht die schnellste und vollständigste Eroberung der Militärgeschichte ist. Dennoch starb er mit 33 Jahren an einem Fieber. Sein letztes Kommando war, dass wenn er zur Bestattung ausgelegt werde, alle seine Soldaten an seinem Körper vorbeigehen sollten. Währenddessen sollten sie auf die Tatsache achten, dass seine ausgestreckten Hände mit den Handflächen nach oben positioniert waren – völlig leer. Welche Lektion wollte Alexander ihnen vermitteln? *Er konnte nichts mitnehmen.*

Die grundlegenden Erwartungen

Erinnern Sie sich an Petrus' Frage, welche Art Mensch wir sein sollten? Petrus beantwortet dann seine eigene Frage:

Da dies alles so aufgelöst wird, was für Leute müsst ihr dann sein in heiligem Wandel und Gottseligkeit, indem ihr die Ankunft des Tages Gottes erwartet und beschleunigt, um dessentwillen die Himmel in Feuer geraten und aufgelöst und die Elemente im Brand zerschmelzen werden! Wir erwarten aber nach seiner Verheißung neue Himmel und eine neue Erde, in denen Gerechtigkeit wohnt. Deshalb, Geliebte, da ihr dies erwartet, befleißigt euch, unbefleckt und tadellos von ihm im Frieden befunden zu werden! (2. Petrus 3,11-14)

In diesen Versen betont Petrus drei grundlegende Erwartungen dafür, für den Herrn bereit zu sein.

In Frieden sein

Zuallererst empfiehlt Petrus, dass es keine zerbrochenen Beziehungen geben sollte, die geheilt werden müssen. Das ist sehr wichtig.

Kurz nach meinem 70. Geburtstag, erinnerte ich mich an eine Zeit, in der ein anderer Mann im Dienst mich sehr kritisiert hatte. Wir hatten uns nie darüber ausgesprochen. Also schrieb ich ihm einen handgeschriebenen, vertraulichen, persönlichen Brief, in dem ich zum Ausdruck brachte, dass obwohl ich noch einige Jahre des aktiven Dienstes vor mir sähe, ich nicht mit irgendetwas Unabgeschlossenem hier auf der Erde heim gerufen werden möchte. Daher wollte ich sichergehen, dass nichts zwischen uns sei. Ziemlich schnell empfing ich ebenso einen handgeschriebenen Brief, in dem er mir das gleiche zusicherte.

Ich habe mich persönlich bemüht, sicherzustellen, dass ich auf meinem Weg mit Jesus so wenige zerbrochene Beziehungen wie möglich habe. Ruth und ich haben immer einen Teil unserer Gebetsliste für heilungsbedürftige Beziehungen reserviert. Ich kann Zeugnis geben, dass es uns möglich war, die meisten Namen von dieser Liste zu streichen. Gott wirkte auf wundersame Weise, um diese Beziehungen zu heilen.

Sie und ich haben den Auftrag, alles in unserer Macht stehende zu tun, um im Frieden zu sein – ohne Zank oder unbewältigte Beschwerden oder Bitterkeit. Die meisten von uns haben mindestens ein oder zwei angeschlagene Beziehungen. Die Bibel macht uns deutlich, dass es nicht immer möglich ist, Frieden in jede Beziehung zu bringen. Trotzdem sagt sie ebenso, dass wir, so viel es in unserer Macht steht, mit jedem Menschen in Frieden leben sollten. Wir sollten diese Anweisung sehr ernst nehmen.

Ohne Flecken

Die zweite Grundvoraussetzung, die Petrus erwähnt, ist, dass wir *ohne Flecken* sein sollen. Ich glaube, das bezieht sich auf das Gewand der Gerechtigkeit, das Christus uns gegeben hat. Immer, wenn wir sündigen, ist diese Sünde wie ein Fleck auf unserem Gewand. Dennoch ist die wundervolle Wahrheit über das Christsein, dass wir wissen, wie wir unser Gewand wieder rein bekommen. Wir haben ein einzigartiges Reinigungsmittel, das alle Gewänder reinigt, als hätte es nie einen Fleck gegeben. Wissen Sie, was das ist? Das Blut Jesu. *„Wenn wir unsere Sünden bekennen, so ist er treu und gerecht, dass* *er uns die Sünden vergibt und uns reinigt von aller Ungerechtigkeit"* (1. Johannes 1,9). Es ist sehr wichtig, dass wenn Sie und ich sündigen und der Heilige Geist uns überführt, wir auch Buße tun, unsere Sünden bekennen und im Glauben die Reinigung empfangen, die von Jesus durch Sein Blut kommt.

Jemand hat einmal gesagt, dass es sich auszahlt, bei Gott keine Schulden zu machen. Ich kann dem nur zustimmen. Sammeln Sie sich keine große Schuldenlast an Sünden an, die Sie nie bekannt haben – denn je größer sie wird, desto schwerer wird es, zu Gott zurückzukommen.

Tadellos

Drittens sagt Petrus, dass wir *tadellos* sein sollen. Ich verstehe darunter, dass es nichts geben sollte, dass wir getan hätten sollen und auch in der Lage dazu gewesen wären, aber nicht getan haben. Wir waren in jeder Pflicht treu, zu der wir die Fähigkeit hatten, ihr nachzukommen.

Anforderungen wie diese sind also unsere Verpflichtungen in Anbetracht der Rückkehr des Herrn und unserer Zusammenkunft mit Ihm. Wir werden in Herrlichkeit erscheinen – aber es wird sehr offensichtlich sein und das ganze Universum wird uns sehen.

Bitte sinnen Sie einen Moment über diese drei Anforderungen nach – *im Frieden sein, ohne Flecken* und *tadellos.* Wenn Petrus sagt „befleißigt euch", denke ich, Sie würden mir zustimmen, dass es Fleiß braucht, diese Ziele zu erreichen. Wir werden da nicht durch nachlässiges oder schludriges Leben hinkommen. Es bedarf unserer aufrichtigen Auseinandersetzung mit diesen geistlichen Angelegenheiten.

Schillernde Reinheit

Während wir die Rückkehr des Herrn ins Auge fassen, wollen wir uns nun eine letzte Schriftstelle anschauen, die sich auf die Anforderungen persönlicher Heiligkeit bezieht.

> *Geliebte, jetzt sind wir Kinder Gottes, und es ist noch nicht offenbar geworden, was wir sein werden; wir wissen, dass, wenn es offenbar werden wird, wir ihm gleich sein werden, denn wir werden ihn sehen, wie er ist.* (1. Johannes 3,2-3)

Wenn Johannes schreibt, dass „*wir ihm gleich sein werden*", bezieht er sich auf unseren Auferstehungskörper. In anderen Worten, wenn wir Jesus sehen, werden wir den gleichen Körper wie Er haben. Dann fährt Johannes fort:

> *Und jeder, der diese Hoffnung zu ihm hat, reinigt sich selbst, gleichwie er rein ist.*

Die Menschen, die wahrhaftig hoffen, Jesus zu sehen, und sich danach sehnen, in Sein Ebenbild verwandelt zu werden, werden sich selbst reinigen. Wenn ich Ihr Pastor wäre und sehen würde, dass Sie nicht darauf achten, sich selbst in Ihrem täglichen Leben zu reinigen, würde es mich zu einer logischen Schlussfolgerung und notwendigem Handeln führen. Ich würde Ihnen sagen müssen, dass Sie nicht wirklich erwarten, den Herrn zu sehen. Sie mögen die Lehren über Seine Wiederkunft bejahen – aber es würde nicht in Ihrem Leben real sein, denn „*jeder, der diese Hoffnung zu ihm hat, reinigt sich selbst.*" Reinheit zu suchen ist ein Kennzeichen einer Person, die aufrichtig Seine Wiederkehr erhofft.

Strahlend leuchtende Kleidung

Lassen Sie uns darüber einmal logisch nachdenken. Wenn Sie und ich der völligen Herrlichkeit des Himmels in der Gegenwart Gottes dem Vater und Jesus und den heiligen Engeln ausgesetzt sein werden, brauchen wir definitiv Reinheit. Das grelle Licht wird jeden Flecken auf unseren Gewändern offenbaren. Es wird jeden Defekt oder Mangel in unserem Charakter aufdecken. Das stellt uns vor eine enorme Herausforderung!

Wir können es uns nicht leisten, faul oder nachlässig zu sein, indem wir unsere christlichen Pflichten versäumen. Wir müssen in den kleinen sowie den großen Dingen treu sein. Wenn wir nicht in den kleinen Dingen, die der Herr uns aufgetragen hat, treu sind, werden wir auch nicht in den großen Dingen treu sein. Warten Sie nicht auf eine bedeutende Aufgabe nach dem Motto: „Wenn Gott mir diese große Aufgabe gibt, werde ich treu sein." Wenn das Ihre Perspektive ist, wird der Herr Ihnen nie diese große Aufgabe geben. Zuerst müssen Sie sich in den kleineren Aufgaben als treu erweisen. Sehen Sie jede kleine Tat als Faden in Ihrem Gewand an, und Sie werden befördert werden. Aber noch viel wichtiger – Sie werden gekleidet sein in strahlender Herrlichkeit.

Diese Verhaltensweise repräsentiert den ersten praktischen Weg, sich auf die Rückkehr des Herrn vorzubereiten – persönliche Heiligkeit. Im nächsten Kapitel werden wir die zweite praktische Handlung zur Vorbereitung behandeln – die Erfüllung unseres Auftrags.

Kapitel 13

Unseren Auftrag erfüllen

In der Einführung des vorigen Kapitels habe ich den ersten von vier Wegen, sich auf das Kommen des Herrn vorzubereiten, dargelegt – persönliche Heiligkeit. Dieses Kapitel wird sich mit dem zweiten Weg, wie wir uns auf Jesu' Wiederkehr vorbereiten sollten, beschäftigen. Wir bereiten uns vor, indem wir unsere zugeteilte Aufgabe absolvieren. Das mag sehr „Werke-orientiert" klingen, aber Gott hat mehr als das im Sinn.

Um zu veranschaulichen, was ich meine, lassen Sie uns anschauen, was Paulus in Epheser 2,10 schreibt: *„Denn wir sind sein* (Gottes) *Werk."* Das griechische Wort für „Werk" ist poeima, von dem wir das englische Wort „poem" (Gedicht) ableiten. Dieser Begriff bezieht sich nicht auf etwas, was leicht konstruiert wird – es spricht von einem Meisterwerk. *Wir sind Gottes kreatives Meisterwerk.*

Es segnet mich, zu denken, dass als Gott dem gesamten Universum demonstrieren wollte, was für ein Meisterwerk Er machen konnte, Er sich Seine Materialien vom Schrotthaufen holte. So als würde Er sagen: „Seht ihr, was ich aus Leben, die zerbrochen, schmutzig und ohne Harmonie sind, machen kann? Aus diesen Leben kann ich etwas machen, was bis zur Ewigkeit meine Unterschrift tragen und mein Werk sein wird." Sie und ich sind Gottes Meisterwerk!

Im gleichen Vers schreibt Paulus weiter: *„Geschaffen in Christus Jesus zu guten Werken, welche Gott zuvor bereitet hat, auf dass wir in ihnen wandeln sollen."*

Jeder von uns ist in Christus Jesus geschaffen für spezifische gute Werke, die unsere zugeschriebenen Aufgaben sind. Die Wahrheit ist, es bleibt nicht uns überlassen, zu entscheiden, was *wir* tun werden. Wir müssen herausfinden, was *Gott* für uns vorbereitet hat. Er hat eine vorbereitete Aufgabe für jeden von uns. Über die Jahre habe ich beobachtet, dass die zufriedensten und erfülltesten Christen diejenigen sind, die in ihrer zugeteilten Aufgabe oder Berufung wandeln.

Im Voraus vorbereiten

Obwohl wir uns damit bereits in Offenbarung 19 beschäftigt haben, wollen wir uns erneut eine Charaktereigenschaft der Braut anschauen:

Lasst uns fröhlich sein und jubeln und ihm die Ehre geben; denn die Hochzeit des Lammes ist gekommen, und seine Frau hat sich bereitgemacht. (Offenbarung 19,7)

Bitte achten Sie darauf, dass die Braut sich selbst vorbereiten muss. Gott macht das nicht für sie. Er kümmert sich um die benötigten Mittel, aber sie muss sich selbst vorbereiten. Wenn der Herr kommt, wird die Braut vorbereitet sein. Sie wird nicht *gerade dabei sein sich vorzubereiten* – sie *wird* bereits *vorbereitet sein.* Die Vorbereitung muss im Voraus stattgefunden haben.

Und ihr wurde gegeben, dass sie sich kleide in feine Leinwand [Leinen], glänzend, rein; denn die feine Leinwand sind die gerechten Taten der Heiligen. (Offenbarung 19,8)

In der Beschreibung, wie sich die Braut vorbereitet hat, fokussiert sich Johannes auf ihre Kleidung. Er sagt, feine Leinen wird ihre Kleidung sein – weiß und sauber. Dann interpretiert er die Bedeutung von feinen Leinen – sie sind die gerechten Taten der Heiligen. Es sind alle Taten der Gerechtigkeit, die sie in ihrem Leben ausgeführt haben, seitdem sie den Herrn kennen.

Für unser Verständnis wäre es an dieser Stelle hilfreich, zwischen zwei Arten der Rechtfertigung in der Sprache der Theologie zu unterscheiden – *zugerechnete Rechtfertigung* und *ausgearbeitete Rechtfertigung.* Wenn wir Jesus für unsere Erlösung vertrauen, gibt der Herr uns Seine Gerechtigkeit als ein Geschenk. Das bezeichnen die Theologen als „zugerechnete" oder „darauf gezählte" Rechtfertigung. Wir können sie nicht verdienen, sie uns erarbeiten oder sie aus uns selbst heraus erlangen. Sie ist ein Geschenk von Gott an uns.

Das ist jedoch noch nicht alles. Sobald uns diese Gerechtigkeit zugerechnet wurde, muss sie in unseren Leben ausgearbeitet werden – „ausgearbeitete" Gerechtigkeit. Zugerechnete Rechtfertigung oder Gerechtigkeit muss in gerechte Taten, die wir dann ausüben, übergehen. Wir können nicht bloß durch das Leben gehen nach dem Motto „Ich bin jetzt gerecht gesprochen." Diese zugerechnete Gerechtigkeit muss durch ein rechtmäßig geführtes Leben demonstriert werden.

Paulus sagt den Philippern:

Bewirkt eure eigene Seligkeit mit Furcht und Zittern; denn Gott ist es, der in euch wirkt sowohl das Wollen als auch das Wirken, nach seinem Wohlgefallen. (Philipper 2,12-13)

Gott kann in uns nicht mehr wirken, als wir willig sind selbst zu wirken. Die Grenze dessen, was Gott in uns hineingießen kann, ist das Maß davon, was wir in Form von gerechten Taten ausgießen.

Gekleidet in Taten der Gerechtigkeit

Wenn Johannes die Braut Christi als gekleidet in feine Leinen, die die gerechten Taten der Heiligen demonstrieren, darstellt, spricht er nicht mehr von zugerechneter Gerechtigkeit. Er spricht von ausgearbeiteter Gerechtigkeit. Man könnte sagen, dass die Braut in gerechte Taten gekleidet sein wird, die sie im Dienst an ihren Herrn durchgeführt hat. In anderen Worten: *Unsere Kleidung in der Ewigkeit wird der Ausdruck unserer gerechten Taten dieser Zeit sein.*

Das ist wichtig, denn wenn Sie und ich in unserer Braut-Kleidung erscheinen, wollen wir nicht in einem Minirock gesehen werden! Wir werden ausreichend Material für ein wunderschönes Brautgewand haben wollen. Sie und ich werden jedoch nur genügend Material haben, wenn wir genügend gerechte Taten hatten. Stellen Sie es sich einmal so vor: Jede gerechte Tat, die ich ausübe, ist ein Faden in den Leinen meines Gewandes. Ich werde einige gerechte Taten tun müssen, wenn ich ein wunderschönes Gewand haben möchte.

Vor einigen Jahren hatten meine erste Frau Lydia und ich eine Freundin, die Missionarin in Jerusalem war. Sie wurde sehr krank und schwebte eine Weile zwischen Leben und Tod. Weil sie eine gottesfürchtige Frau war, konnte sie sehr gut mit dem Gedanken umgehen, dass dies die Zeit sein könnte, zu der Gott sie heim nehmen würde. Sie wäre sogar liebend gerne heimgegangen.

Eines Nachts, als sie über diese Möglichkeit nachdachte, gab ihr der Herr einen Traum. In diesem Traum sah sie sich selbst, wie sie an einem Kleid arbeitete, von dem ein Großteil noch unvollständig war – vor allem die Ärmel. Sie verstand, dass Gott ihr zeigen wollte, dass sie noch nicht heim kommen konnte, weil ihr Kleid noch nicht vollständig war. Ebenso stehen für uns noch viele gerechte Taten bereit, für uns bestimmt, bevor unser Kleid vollkommen sein wird.

In der Offenbarung spricht Jesus von Menschen, die nackt vorgefunden werden, weil hinter ihren Worten keine Taten steckten.

Bloße Worte werden Ihnen an diesem Tag keine Kleidung bieten. Nur gerechte Taten werden sie ankleiden.

In Anbetracht dessen können wir das intensive Verlangen verstehen, das Paulus in 2. Korinther 5, 1-3 zum Ausdruck brachte:

Denn wir wissen, dass, wenn unser irdisches Zelthaus zerstört wird, wir einen Bau von Gott haben, ein nicht mit Händen gemachtes, ewiges Haus in den Himmeln. Denn in diesem freilich seufzen wir und sehnen uns danach, mit unserer Behausung aus dem Himmel überkleidet zu werden, insofern wir ja bekleidet, nicht nackt befunden werden.

Paulus gebraucht zwei Metaphern zusammen – ein Gebäude besitzen und Kleidung haben. Dann sagt er:

Denn wir freilich, die in dem Zelt sind, seufzen beschwert, weil wir nicht entkleidet, sondern überkleidet werden möchten, damit das Sterbliche verschlungen werde vom Leben. (2. Korinther 5,4)

Das ist ein Bild davon, wie wir in der Ewigkeit geschmückt, schön gemacht und gekleidet sein werden. Paulus ist sich sehr wohl darüber bewusst, dass wir auch keinerlei Kleidung haben könnten. Unsere Kleidung hängt davon ab, wie wir gelebt und Christus im jetzigen Zeitalter gedient haben. Unsere Treue in diesem Leben wird über unsere Kleidung in der Ewigkeit entscheiden.

Die Aufgabenstellung

Wir können es uns nicht leisten, unsere Zeit, Kraft, Energie oder Talente zu vergeuden. Wenn wir das tun, verpassen wir etwas von ewigem Stellenwert. Wir werden dazu aufgefordert, jede Pflicht – jede christliche Tat und jede Möglichkeit zum Dienen – als Faden in diesem Leinengewand zu betrachten. Dieses Gewand werden wir in der gesamten Ewigkeit tragen.

Für mich ist das ein wundervolles Bild. Ich kann mir diese Braut vor meinem inneren Auge fast vorstellen. In feinen Leinen, die keinen Leinen dieser Welt gleichen. Dieses Gewand ist nicht bloß sauber, es ist strahlend. Leuchtend. Es scheint. Aber wenn man es analysiert – unter die Lupe nimmt – wird man sehen, dass jeder leuchtende Faden eine gerechte Tat ist. Seien Sie treu in den kleinen Dingen, sehen Sie jede kleine Tat als Faden in Ihrem Gewand, und Sie werden sich für größere Aufgaben qualifizieren. Aber noch wichtiger, Sie werden in strahlender Herrlichkeit gekleidet sein.

Was wird hierbei der entscheidende Faktor sein? Es basiert alles auf unserer vollständigen Ausführung der Aufträge, die der Herr uns zu tun gibt.

Kapitel 14

Beständiges Gebet

Bisher haben wir über die ersten beiden Vorbereitungen auf die Wiederkunft des Herrn gesprochen – persönliche Heiligkeit und das treue Absolvieren Seiner Aufträge. In diesem Kapitel werden wir den dritten Indikator dafür, dass wir wirklich die Wiederkunft des Herrn erwarten, besprechen – *beständiges Gebet.*

In Matthäus 24,5-13 prophezeit Jesus einen besonderen Zeitraum als Abschluss dieses Zeitalters, den Bibelkommentatoren oftmals „die Periode der Endzeit" nennen. Diese Zeit wird mit einmaligen Belastungen und Gefahren gekennzeichnet sein. Jesus sagt über diesen bedeutenden Moment in der Geschichte:

Denn viele werden unter meinem Namen kommen und sagen: Ich bin der Christus! Und sie werden viele verführen. Ihr werdet aber von Kriegen und Kriegsgerüchten hören. Seht zu, erschreckt nicht! Denn es muss geschehen, aber es ist noch nicht das Ende.

(Matthäus 24, 5-6)

Kriege und Kriegsgerüchte an sich sind nicht der einzige Indikator, dass sich das Ende naht. In den nächsten Versen, nennt Jesus andere Ereignisse, die auf das Herannahen des Endes hindeuten werden. Während Sie das lesen, fragen Sie sich doch einmal selbst, wie viele dieser Bedingungen in unserer gegenwärtigen Weltlage auffällig gegenwärtig sind.

> *Denn es wird sich Nation gegen Nation erheben und Königreich gegen Königreich, und es werden Hungersnöte und Erdbeben da und dort sein. Alles dies aber ist der Anfang der Wehen. Dann werden sie euch in Bedrängnis überliefern und euch töten; und ihr werdet von allen Nationen gehasst werden um meines Namens willen. Und dann werden viele verleitet werden [Anstoß nehmen] und werden einander überliefern und einander hassen; und viele falsche Propheten werden aufstehen und werden viele verführen; und weil die Gesetzlosigkeit überhandnimmt, wird die Liebe der meisten erkalten; wer aber ausharrt bis ans Ende, der wird gerettet werden.*
>
> (Matthäus 24, 7-13)

Geburtswehen

Jesus beschreibt alle diese Vorkommnisse als den Beginn von Geburtswehen. Solche „Schmerzen" sind der Indikator, dass eine Geburt bevorsteht. Was wird auf die Welt zukommen? Ein neues Zeitalter. Das Zeitalter des messianischen Königreichs auf Erden. Die Turbulenzen und Schwierigkeiten, die die Welt erlebt, sind die Geburtswehen, die das Kommen des neuen Zeitalters kennzeichnen. Es ist sehr wichtig, dass wir diese Wahrheit erkennen.

Wenn wir das Kommen des neuen Zeitalters erleben möchten, werden wir den Geburtswehen keinen Widerstand leisten. Ein Ehemann, der sich darüber freut, dass ihm seine Ehefrau ein wunderschönes kleines Baby schenkt, ist nicht verzweifelt, wenn die Wehen der Frau beginnen. Beide haben sich bereits nach diesem wunderschönen

Baby, das auf dem Weg ist, gesehnt. Wenn dieser Mann auch nur einen Funken Verstand hat, wird er seine Frau schleunigst zum Krankenhaus bringen, während er ruft: „Preis dem Herrn! Jetzt, da die Geburtswehen angefangen haben, wissen wir, dass das Baby kommt!"

Jeder Christ sollte auf gleiche Weise auf die Geburtswehen in unserer Welt reagieren. Unsere Antwort sollte sein: „Gott sei Dank! Die Geburt des neuen Königreichs steht bevor." Wie unangenehm und schwer diese Geburtswehen auch sein mögen, es sind die Wehen der Geburt eines neuen Königreichs. Jede Mutter, die auf natürliche Weise entbunden hat, wird bezeugen, dass, sobald die Wehen einmal beginnen, sie dann immer häufiger und intensiver werden, bis das Baby geboren ist.

Ich glaube, genau so wird es auch mit dem Ende dieses Zeitalters sein. Wir werden keine Zeit der Entspannung oder des Friedens erleben. Vielmehr glaube ich, dass die Wehen in Häufigkeit und Stärke zunehmen werden. Das sollte uns nicht alarmieren. Warum? Weil es ein neues Zeitalter ankündigt, das geboren werden wird. Uns allen muss bewusst sein, dass das Zeitalter auf keine andere Weise kommen kann, als durch Wehen, die zur Geburt führen.

Jesus gebrauchte einen Feigenbaum als Beispiel. Er sagte, dass wenn ein Feigenbaum anfängt, zu knospen und Blätter zu tragen, man weiß, dass der Sommer bevorsteht (siehe Matthäus 24,32-33). Der Sommer entspricht dem Kommen des Königreichs Gottes. Wir müssen nicht an eine Universität, oder sogar ein Gemeindeseminar gehen, um zu verstehen, was geschieht. Wir müssen uns lediglich umsehen und wahrnehmen, wie dem Feigenbaum Blätter wachsen. Wenn wir diese Beobachtung machen, können wir sagen: „Preist Gott! Der Sommer wird bald kommen. Das Königreich des Messias steht vor der Tür." Dies sollte unser beständiges Gebet sein.

Abgelenkt von der Welt

Im Lukasevangelium beschreibt Jesus einen anderen Aspekt des Zustands am Ende des Zeitalters:

Und wie es in den Tagen Noahs geschah, so wird es auch sein in den Tagen des Sohnes des Menschen: Sie aßen, sie tranken, sie heirateten, sie wurden verheiratet bis zu dem Tag, da Noah in die Arche ging und die Flut kam und alle umbrachte. Ebenso auch, wie es geschah in den Tagen Lots: Sie aßen, sie tranken, sie kauften, sie verkauften, sie pflanzten, sie bauten; an dem Tag aber, da Lot von Sodom hinausging, regnete es Feuer und Schwefel vom Himmel und brachte alle um. (Lukas 17,26-30)

Das Ereignis, auf das sich der letzte Satz bezieht, ist die Wiederkunft des Herrn. Jesus merkt an, dass in mancher Hinsicht die Bedingungen vor Seiner Wiederkehr sehr stark denen in den Tagen Noahs und Lots ähneln werden.

Der Herr zählte auf, was die Menschen in diesen Tagen taten und führte acht verschiedene Aktivitäten auf. Sie aßen, tranken, heirateten, wurden verheiratet, kauften, verkauften, pflanzten an und bauten.

Nehmen Sie sich jetzt mal einen Moment, um sich selbst die folgende Frage zu stellen: Liegt in irgendeiner dieser Aktivitäten eine große Sünde? Nein. Das Problem ist nicht, dass sie etwas Sündhaftes taten, sondern vielmehr, dass sie in diesen Aktivitäten völlig *versunken* waren, und sich dem bevorstehenden Urteilsspruch *nicht bewusst* waren. Das Wort, das ich für diesen Zustand gebrauche, ist „Materialismus" – und das ist definitiv ein auffälliges Merkmal unseres gegenwärtigen Zeitalters. Keine dieser aufgelisteten Aktivitäten ist in sich falsch; sie sind normal und natürlich. Aber es ist falsch, so in sie verwickelt zu sein, dass wir nicht sehen können, was bevorsteht.

Ein anderer Blick

In Lukas 21 sehen wir einen weiteren prophetischen Diskurs, in dem Jesus die Ereignisse, die Seinem Wiederkommen vorausgehen werden, erläutert. Er beschreibt die verschiedenartigen Probleme, Belastungen und Übel, die auf die Welt zukommen werden, wenn sich Seine Rückkehr nähert. Doch anstelle uns aufzufordern, uns in einer Höhle zu verstecken und betrübt zu sein, sagt Jesus: *„Wenn aber diese Dinge anfangen zu geschehen, so blickt auf und hebt eure Häupter empor, weil eure Erlösung naht"* (Lukas 21,28).

Wir, die wir an Jesus Christus glauben, haben eine andere Sicht auf die Geschehnisse der Welt als jene, die im Gleichschritt mit dieser Welt gehen. Die Welt quält sich ständig mit zunehmenden Problemen. Sobald die weltweiten Staatsoberhäupter ein Problem gelöst haben, werden ihnen schon zwei weitere präsentiert. Die zwei Probleme, die zurzeit beispielsweise die Aufmerksamkeit aller einnimmt, sind Terrorismus und Klimawandel. Wie wir im nächsten Teil des Buches sehen werden, gibt uns Jesus manche Antworten auf solche intensiven Herausforderungen.

Die Fallen vermeiden

Im gleichen Teil von Lukas 21, in dem Jesus uns auffordert hinaufzuschauen, gibt Er ebenso sehr genaue Anweisungen zu unserem Gebetsleben. Lassen Sie mich zu Beginn einen allgemeinen Kommentar geben: Wir werden nie über unser Gebetsleben hinauswachsen. Unser Gebetsleben wird letztendlich bestimmen, wie viel Christenleben wir tatsächlich leben.

In Lukas 21,34 ermahnt uns Jesus, uns vor Verzweiflung zu hüten und eine andere, im Gebet verwurzelte Perspektive zu haben:

Hütet euch aber, dass eure Herzen nicht etwa beschwert werden durch Völlerei und Trunkenheit und Lebenssorgen und jener Tag plötzlich über euch hereinbricht wie ein Fallstrick!

Die meisten bekennenden Christen sind nicht gefährdet von Betrunkenheit oder Ausschweifungen. Aber die Sorgen dieser Zeit sind für die meisten von uns ein anderes Thema. Corrie Ten Boom sagte einst: „Als ich erkannte, dass mich Sorge davon abhalten könnte, für die Wiederkunft des Herrn bereit zu sein, veränderte sich von da an meine komplette Einstellung gegenüber Sorge."

Wir mögen sagen, „Naja, es ist doch natürlich, sich Sorgen zu machen." Ja, es ist natürlich, aber Gottes Wort untersagt es uns trotzdem. An ungefähr 350 Stellen in der Bibel werden wir dazu aufgefordert, uns keine Sorgen zu machen! Das Wort Gottes warnt uns ernsthaft davor, nicht in diese Falle zu geraten.

Was ist so falsch daran, sich Sorgen zu machen? Zum einen deutet Sorge darauf hin, dass wir auf dieser Erde leben, in die Angelegenheiten dieser Zeit verstrickt sind und unsere Ewigkeitsperspektive verloren haben. Zu oft wenden wir unsere Aufmerksamkeit rein temporären Problemen zu, und Jesus warnt uns, wachsam zu sein.

Dann fährt Jesus fort, dass wenn diese Sorgenhaltung Ihre Geistlichkeit dämpft, „dieser Tag" auf einmal wie eine zuklappende Falle kommen wird. „Dieser Tag" ist das Ende des Zeitalters und der Tag Seiner Wiederkehr. Jesus sagt außerdem über „diesen Tag":

… und jener Tag plötzlich über euch hereinbricht wie ein Fallstrick! Denn er wird über alle kommen, die auf dem ganzen Erdboden ansässig sind.   (Lukas 21,35)

Der Unterschied zwischen uns und der Welt ist, dass unser eigentlicher Wohnsitz im Himmel ist. Paulus bezieht sich darauf in Philipper 3,20:

Denn unser Bürgertum ist in den Himmeln, von woher wir auch den Herrn Jesus Christus als Heiland erwarten.

Für alle Menschen, deren Wohnsitz auf dieser Erde ist, wird das Ende so abrupt wie eine Falle kommen. Der Autor vom Hebräerbrief sagt, dass wir auf dieser Welt keine bleibende Stadt haben, sondern eine zukünftige suchen (siehe Hebräer 13,14). Bei Ihnen und mir macht die Haltung gegenüber den Dingen dieser Welt den entscheidenden Unterschied. Diese Haltung wird bestimmen, ob Sie und ich von dem, was auf die gesamte Erde zukommen wird, völlig überrascht sein werden, oder ob Sie überleben werden, um den Herrn willkommen zu heißen.

Kraft zu Stehen

Zum Schluss gibt Jesus diese konkrete Anweisung zum Gebet in dieser Periode der Geburtswehen vor Seiner Wiederkunft.

Wacht nun und betet zu aller Zeit, dass ihr imstande seid [Kraft habt], *diesem allem, was geschehen soll, zu entfliehen und vor dem Sohn des Menschen zu stehen!* (Lukas 21, 36)

Ich habe diese Übersetzung gewählt, da moderne Bibellehrer sie als eine der besten des original griechischen Texts bewertet haben. Für mich ist das ein sehr herausfordernder Vers: „. . . *betet zu aller Zeit, dass ihr imstande seid* [Kraft habt], *diesem allem, was geschehen soll, zu entfliehen und vor dem Sohn des Menschen zu stehen!* "

Die uns bevorstehenden Tage werden enorme geistliche Stärke von uns fordern. Viele, die schon seit 30 oder mehr Jahren Christen sind, sind heute Anspannungen ausgesetzt, die vor drei Jahrzehnten wirklich noch nicht so offensichtlich waren. Meiner Erfahrung nach sind diese Spannungen von Jahr zu Jahr intensiver geworden.

Junge Christen stehen so vielen Herausforderungen gegenüber, aber es wird auch als älterer Christ nicht leichter. Wir alle werden Kraft benötigen, um diesem Druck standzuhalten und vor dem Menschensohn zu stehen. Jesus sagt uns, wo wir Kraft zum Stehen finden werden – im Gebet. Er sagt, „betet zu aller Zeit".

Um das alles auf persönliche Weise zu illustrieren, ich glaube vollkommen – auf lehrmäßige, theologische und biblische Weise – an die persönliche Wiederkehr des Herrn Jesus Christus in Herrlichkeit. Die Wahrheit ist jedoch, dass ich an die Lehre und Theologie glauben kann, und davon trotzdem im Alltag in meinen Gedanken weit entfernt sein kann. Was ist die Lösung für dieses Dilemma? Zeit im Wort Gottes und im Gebet verbringen. Ich glaube, der beste Weg für Sie und mich, in konstanter Erwartung auf das Kommen des Herrn zu leben, ist sich so oft wie möglich zurückzuziehen, um mit dem Herrn zu sein – durch Sein Wort und Gebet.

Ich werde immer diese Lehrmeinung vertreten. Aber mein persönliches Leben hängt von meinem Gebetsleben ab. Ich glaube, dass es das ist, was die Schrift lehrt. Jesus sagte, wir sollen wachsam sein und beständig beten, sodass wir Kraft haben werden, zu entkommen und vor dem Menschensohn zu stehen. Das ist die dritte Handlung der Vorbereitung in der Vorfreude, bei Seiner Wiederkehr in der Gegenwart des Herrn zu sein. Im nächsten Kapitel werden wir weitermachen und uns den vierten Aspekt dieser Vorbereitung ansehen.

Kapitel 15

Seine Wiederkehr beschleunigen

In den vorigen Kapiteln haben wir die Wichtigkeit persönlicher Heiligkeit, das Durchführen Seiner Aufgabe für uns und das Starkbleiben in beständigem Gebet betont. Die vierte praktische Anforderung mag ein neuer Gedanke für Sie sein – *das Kommen dieses Tages zu beschleunigen oder herbeizueilen.* Um dieses Konzept zu erforschen, werden wir uns erneut in 2. Petrus 3,11-12 ansehen, was wir bereits in einem anderen Zusammenhang betrachtet haben:

Da dies alles so aufgelöst wird, was für Leute müsst ihr dann sein in heiligem Wandel und Gottseligkeit, indem ihr die Ankunft des Tages Gottes erwartet und beschleunigt …

Die Übersetzung des Begriffes *beschleunigen* ist in der englischen King James Übersetzung „zu etwas hin beschleunigen". Aber fast alle modernen Übersetzungen haben sich entschieden, dass die korrekte Übersetzung „die Ankunft des Tages Gottes beschleunigen" ist. Die deutsche Elberfelder Übersetzung schreibt ebenso „beschleunigen". Das ist ein herausfordernder Gedanke, da er darauf hindeutet, dass es Dinge gibt, die wir tun können, um den Tag des Herrn herbeizuführen.

Für solche Leser, die theologisch denken, glaube ich, dass Gott den genauen Tag und die genaue Stunde der Wiederkehr Jesu kennt. Nichtsdestotrotz wird es nicht geschehen, bis wir die Bedingungen erfüllt haben. Dieser scheinbare Konflikt wird durch Gottes Allwissenheit behoben, denn Gott weiß, wann es eine Generation geben wird, die bereit ist, zu tun, was nötig ist, um den Herrn zurückzubringen. Mein Gebet ist, dass wir diese Generation sehen werden. Was diese Generation tut, hat das Potential, das Kommen von Jesus Christus zu beschleunigen.

Das Zeichen

Was ist die wichtigste Tätigkeit, mit der wir uns beschäftigen können, um den Tag des Herrn zu beschleunigen? Ich glaube, die wesentliche Anforderung, die wir erfüllen müssen, wird in Matthäus 24 ganz klar von Jesus erklärt – und sie hat damit zu tun, allen Nationen der Welt das Evangelium zu predigen.

In Vers 3 stellen die Jünger Jesus ein paar direkte Fragen, die Er daraufhin beantwortet.

Als er aber auf dem Ölberg saß, traten seine Jünger für sich allein zu ihm und sprachen: Sage uns, wann wird das sein, und was ist das Zeichen deiner Ankunft und der Vollendung des Zeitalters?

(Matthäus 24,3)

Dieses „das", von dem die Jünger sprachen, war die Zerstörung des Tempels, auf das Jesus in Vers 1 einging. In den Versen, die der Frage der Jünger folgen, gibt uns Jesus einige Zeichen – falsche Messiasse, falsche Propheten, Hungersnöte, Seuchen, Erdbeben, vermehrte Rechtlosigkeit und Mangel an Liebe unter Gottes Volk. Das sind die negativen Zeichen, aber Er hat immer noch nicht auf die Frage geantwortet, „Was wird *das* Zeichen sein?" Die Antwort auf diese spezifische Frage ist für unsere Untersuchung am relevantesten. Sie kommt nicht bis Vers 14, wenn Er die Frage der Jünger mit einer spezifischen Antwort beantwortet:

Und dieses Evangelium des Reiches [der Königsherrschaft] *wird gepredigt werden auf dem ganzen Erdkreis, allen Nationen zu einem Zeugnis, und dann wird das Ende kommen.*

Jesus gibt *diese* Antwort auf die Frage, „*Sage uns, wann wird das sein, und was ist das Zeichen deiner Ankunft und der Vollendung des Zeitalters?*" Seine Antwort ist klar: „*Und dieses Evangelium des Reiches wird gepredigt werden auf dem ganzen Erdkreis, allen Nationen zu einem Zeugnis,* **und dann wird das Ende kommen**." Das spezifische Zeichen ist das Predigen des Evangeliums des Königreichs – aller Welt und allen Nationen. Wir können „Seine Wiederkunft beschleunigen", indem wir das Evangelium verkündigen.

Der Auftrag

Nach Seiner Auferstehung und bevor Jesus in den Himmel aufstieg, gab Er Seinen Aposteln konkrete Anweisungen. Diese Anweisungen wurden an zwei Stellen ganz detailliert gegeben. Zuerst in Matthäus 28,19, wo Er ihnen befahl, in die ganze Welt zu gehen und aus allen Nationen Jünger zu machen. Zusätzlich, in Markus 16,15, trug Er ihnen auf, in die ganze Welt zu gehen und jedem Geschöpf das Evangelium zu predigen.

Während des Zweiten Weltkriegs verbrachte ich 5 ½ Jahre in der britischen Armee. Eines der Prinzipien, das uns kontinuierlich eingetrichtert wurde, war: „Die Unkenntnis der Befehle ist keine Entschuldigung dafür, sie nicht zu beachten. Von euch wird erwartet, dass ihr euch der Anweisungen bewusst seid." Ein weiteres ähnliches Prinzip, welches uns verdeutlicht wurde, war: „Eine Anweisung steht fest, bis sie von jemandem mit der Autorität dazu aufgehoben wird."

Jesus gab die Anweisungen in Matthäus 28 und Markus 16, und Er ist der einzige mit der Autorität, sie aufzuheben. Sie stehen noch immer und Er wartet darauf, dass wir ihnen gehorsam sind.

Jesus wird nicht wiederkommen, bevor die Gemeinde diesen Anforderungen gehorsam ist und in allen Nationen Jünger macht und jeder Person das Evangelium predigt. Es steht in unserer Macht, ob Sein Kommen beschleunigt oder verzögert wird. Es hängt davon ab, wie wir auf Seine letzte Anweisung reagieren. Wir können nur über die Wiederkehr des Herrn sicher sein, wenn wir den Auftrag erfüllen, den Er uns aufgetragen hat.

Entgegengesetzte Kräfte

Eine der Hauptmotivationen des Teufels ist, an seinem Reich – dem Reich der Dunkelheit – festzuhalten. Und so vertraut wie der Feind mit biblischen Prophetien ist, weiß er, dass sein Reich nur bestehen bleibt, bis zwei Bedingungen erfüllt sind. Erstens muss das Evangelium des Königreichs in aller Welt verkündet werden, als Zeugnis für alle Nationen. Die zweite Bedingung, die wir in diesem Kapitel nicht detailliert besprechen, sondern im Anhang unter die Lupe nehmen werden, ist die Wiederherstellung des Volkes Israel zu ihrem Messias.

Opposition gegen diese beiden Dinge ist ganz oben auf der Prioritätenliste des Teufels. Er muss mit allen Mitteln die Gemeinde davon abhalten, das Evangelium des Königreichs allen Nationen zu

predigen. Ebenso muss er mit allen Mitteln den Wiederaufbau Israels verhindern. Wenn wir diesen zweiten Punkt verstehen, verleiht
das alldem, was im Nahen Osten geschieht, einen tieferen Sinn. Die
Aufruhr, die über den kleinen Staat Israel besteht, ist vollkommen
unlogisch, wenn man nicht die geistliche Problematik dahinter versteht. Satan weiß, dass wenn Israel wiederaufgebaut ist, sein Reich
am Ende sein wird.

Er weiß auch, dass wenn die Gemeinde ihre Aufgabe erfüllt hat
und jeder Nation das Evangelium des Königreichs verkündet hat,
der Herr wiederkehren kann. Satan ist wütend, wenn auch nur eine
Seele errettet wird. Aber eine Seele zu verlieren, wird seinem Reich
keine Gefahr bringen. Sogar wenn morgen 50 Millionen in den
USA errettet werden, würde das Satan nicht von seinem Thron
nehmen. Wenn jedoch das Evangelium des Königreichs jeder Nation, jeder Zunge und jedem Stamm gepredigt wird, ist der Weg für
das Kommen des Herrn bereitet.

Die unerreichte Welt

Es wurde geschätzt, dass zu Beginn des 21. Jahrhunderts die
Weltbevölkerung bei über sieben Milliarden Menschen liegen würde. Von dieser Bevölkerung haben etwas mehr als die Hälfte noch
nie, nicht ein Mal, den Namen Jesus gehört. Das wirkliche Problem,
vor dem die moderne Gemeinde steht, ist, wie wir die Menschen,
die noch nie das Evangelium gehört haben, erreichen können.

Die große Mehrheit amerikanischer Gemeinden wird keine
ernsthafte Gefahr für das Reich des Satans werden, bis sie ein Aus-
sende-Punkt für Botschafter des Evangeliums aller Nationen werden. Leider haben viele Gemeinden nicht diesen Fokus. Stattdessen

halten sie Christen übermäßig mit religiösen Aktivitäten beschäftigt, die dem Feind keine Bedrohung darstellen.

Ich will keine Gemeinden angreifen, weil sie enorm viel Gutes tun und den christlichen Glauben am Leben erhalten. Was wir jedoch sehen müssen, ist dass sie die Lage der Welt in ihrer gegenwärtigen Situation niemals verändern werden. Wir können die Weltsituation nur verändern, indem wir die uns zugeschriebene Aufgabe tun – allen Nationen das Evangelium des Königreichs verkünden. Durch diese konkrete Tat können wir Christen tatsächlich das Erscheinen und die Wiederkunft Jesu beschleunigen.

Kapitel 16

Den Glauben bewahren

Sehnen Sie sich nach der Wiederkunft Jesu Christi? Sind Sie dazu bereit, alle notwendigen Schritte zu gehen, um sich für Seine Wiederkehr vorzubereiten?

Mit diesen Schlüsselfragen haben wir uns in diesem Buch beschäftigt. Es ist meine Hoffnung, dass die Bibelstellen, die wir uns angesehen haben, und die Lehre, die von ihnen ausgeht, Ihr Herz und Ihren Verstand angerührt haben. Ich hoffe, dass Ihnen dieses Buch nicht nur Informationen eingebracht hat, sondern vielmehr eine vorfreudige Erwartung auf das Kommen Jesu.

Meine größte Hoffnung ist es, dass Sie sich jetzt nach Seiner Wiederkunft sehnen und sich aktiv auf diesen großartigen Moment vorbereiten.

Die Hauptpunkte

Der erste Teil dieses Buches beschäftigte sich mit den Gründen, warum wir uns nach Seiner Wiederkunft sehnen sollten. Lassen Sie uns in diesem letzten Kapitel diese vier Punkte noch einmal betrachten.

1. Der Vollzug unserer persönlichen Errettung in der Erlösung unserer physischen Körper.

2. Unsere ewige Vereinigung mit dem Herrn Jesus Christus und unsere Einheit mit anderen Gläubigen.

3. Die Linderung menschlichen Leids – und Freisetzung für die Unterdrückten, Kranken und Leidenden.

4. Die Erlösung aller Schöpfung – uns miteingeschlossen.

Im Anschluss an diese vier Punkte, die besagen, warum wir uns sehnen sollten, wandten wir unseren Fokus vier biblischen Verantwortlichkeiten zu, die wir haben, während wir auf die Wiederkehr des Herrn warten.

1. Erstens müssen wir persönliche Heiligkeit kultivieren, denn ohne Heiligkeit wird niemand den Herrn sehen (Hebräer 12,14).

2. Zweitens müssen wir unsere uns gegebenen Aufgaben erfüllen. Während wir dies tun, bereiten wir uns darauf vor, die Braut Christi zu sein.

3. Drittens müssen wir im Gebet verweilen und uns selbst gegen alle Opposition stark machen, sodass wir siegreich vor dem Sohn Gottes stehen können.

4. Viertens müssen wir den Tag des Erscheinens Jesu durch zwei wesentliche Aktivitäten beschleunigen – durch die Verkündigung des Evangeliums des Königreichs an alle Nationen und indem wir für die Wiederherstellung Israels beten und darauf hinarbeiten.

Eine absolvierte Aufgabe

Kurz nachdem sich mir der Herr offenbart hatte, machte Er es mir deutlich, dass ich ein Lehrer des Wortes werden sollte. Diese Aufgabe zu erfüllen ist seitdem das Ziel meines Lebens – Sein Wort zu lehren. Ich habe mich selbst nie für jemand Besonderen gehalten. Ich habe mich einfach bemüht, die Aufgabe, die mir der Herr gegeben hatte, treu zu erledigen.

Ich empfinde Staunen und tiefe Demut darüber, was Gott getan hat, während ich mit Lydia, meiner ersten Frau, und Ruth, meiner zweiten Frau gelebt und gearbeitet habe. Er hat wirklich das, was mir gegeben wurde, auf der ganzen Welt vervielfacht.

Wenn Sie nun dieses Buch abschließen, möchte ich Sie durch ein persönliches Zeugnis herausfordern. Im Jahre 1958 war ich Rektor einer Universität in Kenia, Afrika, die Lehrer ausbildete. Es war ein sehr erfolgreicher Job und ich habe viele Schüler für den Herrn gewinnen können.

Ich erinnere mich ganz speziell an einen Tag während dieser Zeit in Kenia. Ich saß am Ufer des riesigen und wunderschönen Viktoriasees. Ich öffnete mein Neues Testament ziellos und mein Auge fiel auf Matthäus 24,14:

Und dieses Evangelium des Reiches wird gepredigt werden auf dem ganzen Erdkreis, allen Nationen zu einem Zeugnis, und dann wird das Ende kommen.

In diesem Moment war es so, als ob diese Wörter in Buchstaben wie Feuer am Himmel standen und im Wasser des Sees gespiegelt wären. Der Herr sprach zu mir sehr leise und sagte: „Matthäus 24,14 ist die oberste Priorität für mein Volk."

Ich dachte darüber nach und antwortete: „Herr, ich weiß nicht, ob mein Leben wirklich vollkommen mit dieser Priorität im Einklang steht. Ich weiß, dass mein Job nützlich ist und ich die Furche, die ich pflüge, abschließen muss. Aber wenn es einen Weg gibt, noch mehr mit Deinen Anliegen im Einklang zu sein, bitte ich Dich, jetzt in meinem Leben zu wirken und mich in Einklang zu bringen." Es dauerte ungefähr 20 Jahre, bis Er mich angeleitet, mein Verständnis erleuchtet, Kontrolle über meinen Willen gewonnen und mich an einen Platz gebracht hatte, an dem ich meines Erachtens nach wirklich die Dinge tue, die im Licht des Kommens des Herrn von Bedeutung sind.

Während Sie das lesen, befinden Sie sich vielleicht in einer Situation wie ich damals, im Gebet am Viktoriasee. Wie ich, kennen Sie vermutlich den Herrn, lieben Ihn und dienen Ihm vielleicht auch nach bestem Verständnis. Trotzdem müssen Sie vielleicht, gemessen an den Standards der Bibel, die ich gerade präsentiert habe, einen Defizit bekennen. Vielleicht mangelt es Ihnen hinsichtlich Ihrer Vorbereitung auf das Kommen des Herrn an manchen Prioritäten. Vielleicht sind Sie mit einigen wunderbaren geistlichen Aktivitäten beschäftigt – aber nur wenig davon schadet ernsthaft dem Reich des Teufels.

Sie sind vielleicht ein Pastor oder Leiter in der Gemeinde. Wenn ja, dann überdenken Sie bitte, wie viel von dem, was Sie und Ihre Gemeinde tun, wirklich eine Bedrohung für den Teufel ist. Sind Sie in irgendwelche Gemeindedienste eingebunden, die keine wirklich bedeutenden Veränderungen auf dieser Welt bringen werden? Ich möchte Sie hiermit nicht kränken, wenn Sie das lesen. Ich denke schlichtweg, dass dies ein Thema ist, dem Sie und ich uns ernsthaft und aufrichtig stellen müssen.

Vielleicht sind Sie ein jüngerer Leser. Wenn ja, erlauben Sie mir, ein paar Fragen zu stellen. Möchten Sie wirklich eine Herausforderung? Sind Sie dazu bereit, dem Herrn zu sagen, dass Sie bereit wären, alles zu tun, das Er will, um Sein Kommen zu beschleunigen?

Unabhängig davon, wie alt Sie sind, spüren Sie vielleicht, dass Gott Sie durch den Heiligen Geist und dieses Buch herausfordert. Vielleicht möchten Sie Ihr Leben neu hingeben – sich in Aktivitäten und gottgefällige Dinge involvieren, die wirklich von Bedeutung sind.

Vielleicht möchten Sie Gott bitten, Seine Hand frisch auf Sie zu legen und Sie zu etwas wirklich Bedeutungsvollem zu führen. Vielleicht spüren Sie, dass Sie so beten können, wie ich es am Ufer des Viktoriasees getan habe: „Herr, wenn ich nicht wirklich mit Deinen Absichten im Einklang bin, bitte mach es möglich. Ich will mich hingeben und mich unter Deine Leiterschaft und Leitung stellen."

Wenn das in etwa Ihren Herzenswunsch in Worte fasst, würde ich Sie bitten, das unten gedruckte Gebet von ganzem Herzen her zu beten – oder fühlen Sie sich frei, die Bedeutung dieses Gebets in Ihren eigenen Worten auszudrücken.

Herr Jesus Christus, Du bist mein Erretter und mein Erlöser. Du hast mich mit Deinem kostbaren Blut aus der Hand des Teufels erlöst. Ich gehöre Dir und will Dir dienen.

Herr, ich will das tun, was wirklich wichtig ist. Ich will Dingen hingegeben sein, die Deine Wiederkehr herbeiführen. Ich gebe Dir mein Leben neu hin. Lege von nun an Deine Hand auf mich. Leite mich und wirke Deinen Willen in meinem Leben, sodass ich meinen Platz in Deinem Dienst finden kann – genau den Platz, den Du für mich vorbereitet hast. Ich will das tun, was ich in Deinem Wort erkannt habe – mitarbeiten, dass das Evangelium des Königreichs in alle Nationen kommt, und auch an der Versöhnung Israels und dessen Wiederherstellung zu Dir.

Herr, ich weiß nicht, wie Du das vollbringen wirst, aber ich vertraue Dir, dass Du es tun wirst, da ich mit einem aufrichtigen Herzen und im Namen Jesu bete. Amen.

Ich vertraue darauf, dass Sie der Herr von nun an leiten wird. Ich bete, dass Sie eines Tages auf Ihr Leben und Ihren Dienst zurückblicken und sagen können, wie Paulus:

Ich habe den guten Kampf gekämpft, ich habe den Lauf vollendet, ich habe den Glauben bewahrt; fortan liegt mir bereit die Krone der Gerechtigkeit, welche der Herr, der gerechte Richter, mir zur Vergeltung geben wird an jenem Tage. (2. Timotheus 4,7–8)

Möge der Herr Jesus Sie innig segnen, während Sie Ihm im Glauben nachfolgen und eifrig den herrlichen Tag Seiner Wiederkehr erwarten.

Anhang

Das jüdische Volk trösten

In Kapitel 15 merkte ich an, dass ein Element im Beschleunigen der Wiederkehr Jesu eine angemessene Behandlung des jüdischen Volkes ist. Anstelle mich an dortiger Stelle mit dem Thema im Detail zu befassen, was den Fluss des Kapitels unterbrochen hätte, habe ich mich dazu entschieden, diesen gesamten Anhang diesem wichtigen Thema zu widmen. (In Kapitel 15 lag der Fokus auf dem „Zeichen" der Wiederkehr Jesu – dem Predigen des Evangeliums allen Nationen in der ganzen Welt.)

Unsere Haltung

In Matthäus 24 haben wir eindeutig dieses konkrete Zeichen bekommen, von dem Jesus sagte, dass es das Ende des gegenwärtigen Zeitalters und Seine Wiederkehr in Herrlichkeit einläuten würde. Dieses Zeichen ist das Verkünden des Evangeliums des Königreichs in allen Nationen der Welt.

Für alle hingegebenen Christen ist das die höchste Priorität und wichtigste Aufgabe den Nationen gegenüber. Dies wiederum bringt uns zu einem weiteren bedeutenden Aspekt der Vorbereitung auf Jesu Wiederkunft, der mit unserer Haltung gegenüber dem jüdischen Volk zu tun hat. Vielleicht haben Sie noch nie weiter über diese konkrete Verantwortung nachgedacht. Es ist jedoch eine sehr aktuelle Aufgabe, über die die Schrift ganz klar spricht.

In Römer 11,25 stellt Paulus diese zwei Anforderungen nebeneinander – die Verkündigung des Königreichs in allen Nationen und die Botschaft des Trostes und der Hoffnung für Israel. Er schreibt wie folgt:

Denn ich will nicht, Brüder, dass euch dieses Geheimnis unbekannt sei, auf dass ihr nicht euch selbst klug dünket: dass Verstockung Israel zum Teil widerfahren ist, bis die Vollzahl der Nationen eingegangen sein wird.

Leider muss ich sagen, dass viele Christen heute genau so sind, wie Paulus hoffte, dass sie nicht sein würden – unwissend über dieses Geheimnis. Sie haben kein Verständnis von den grundlegenden Prinzipien der Verfahrensweisen Gottes mit Israel und der Gemeinde.

Das Geheimnis, auf das Paulus sich bezieht, ist die Blindheit Israels. Jedoch jedes Mal, wenn die Bibel von Gottes Abweisung Israels und Seinem Urteil über Israel spricht, endet es immer mit einem Satz, der das Wort „bis" beinhaltet. Die Bibel deutet immer darauf hin, dass das Gericht nicht dauerhaft sein wird; es wird auch wieder zum Ende kommen.

Diese partielle Blindheit liegt über Israel bis wann? Bis *„die Vollzahl der Nationen eingegangen sein wird."* Dann fährt Paulus seinen Vortrag der Verheißungen Gottes bezüglich Israels mit diesem Gedanken fort:

Und also wird ganz Israel errettet werden, wie geschrieben steht: „Es wird aus Zion der Erretter kommen, er wird die Gottlosigkeiten von Jakob abwenden. "   (Römer 11, 26)

Für immer versöhnt

Wir können hier sehen, dass im Wort Gottes zwei Anforderungen zusammengenommen wurden – die Vollzahl der Nationen muss eingehen und dann wird Israel endlich und endgültig mit ihrem Messias und Gott versöhnt sein. Das ist die Reihenfolge. *Zuerst* muss die Vollzahl der Nationen eingehen; *dann* wird Israel errettet werden.

Wenn wir zurückgehen zu Gottes Verfahrensweisen im Neuen Testament, sehen wir, dass das Evangelium des Königreichs zuerst Israel vorgestellt wurde, und zwar allein Israel. Wir wollen uns ebenso daran erinnern, dass Jesus einst während Seines Dienstes auf der Erde sagte: „Ich bin nur zu den verlorenen Schafen des Hauses Israels gesandt worden." Wir wissen, dass Israel als eine Nation das Angebot des Königreichs nicht angenommen hat. Weil sie den König und damit das Königreich ablehnten, wurde das Angebot an alle Nationen erweitert.

Diese Verpflichtung wird am Ende der Evangelien hervorgehoben – in Matthäus und Markus. Wir sehen die Gebote Jesu, uns aufzumachen und in allen Nationen Jünger zu machen – loszugehen und der ganzen Schöpfung das Evangelium zu predigen. Jesus hat diese Gebote nie aufgehoben. Sie sind gültig. Sie müssen ausgetragen werden. Denn durch die Verkündigung des Evangeliums des Königreichs an alle Nationen wird das Ergebnis erreicht werden, von dem Paulus in Römer 11 spricht – die Vollzahl der Nationen

wird eingehen. Die Vollzahl der Nationen kann aber nicht eingehen, bis das Evangelium allen Nationen verkündet wurde.

Nationen

Vier Mal sehen wir in der Offenbarung das Bild des erlösten
Gottesvolkes, das aus jedem Stamm, jedem Volk, jeder Nation und
jeder Sprache kommt (siehe Offenbarung 5,9; 7,9; 13,7; 14,6). Aber
die Vollzahl der Erlösten kann nicht komplett sein, bis jeder Stamm,
jede Nation, jedes Volk, und jede Zunge die Gute Nachricht gehört
hat. Weil Jesus für alle Nationen überall das überragende Opfer gebracht hat, wird Gott der Vater Ihn ehren, indem Er klarstellt, dass
Seelen von allen Nationen und Stämmen davon profitieren können.

Gottes Absichten in der Hinsicht haben sich nicht verändert. Wir
können es hinauszögern oder vorantreiben, aber nicht widerrufen.

Aus diesem Grund bin ich leidenschaftlicher Unterstützer von
Gruppen wie Wycliff, die Bibelübersetzungen durchführen. Ein
wesentlicher Teil darin, den Herrn zurückzubringen, ist eindeutig,
Gottes Wort in jede gesprochene Sprache zu übersetzen. Die Arbeit,
die in dieser Hinsicht getan wird, mag nicht dramatisch sein, jedoch
wesentlich.

Israel trösten

Während das Evangelium in jeder Nation gepredigt wird, müssen auch, wie ich bereits sagte, Vorbereitungen in Israel unternom-
men werden. Wenn wir uns nun Jesaja 40, 1-3 ansehen, behalten
Sie bitte im Hinterkopf, dass diese Verse an Bibel-gläubige Christen
gerichtet sind. Sie *beziehen sich auf* Israel, aber sie sind nicht *an* Israel
gerichtet. Sie sind an eine weitere Menschengruppe adressiert, der

gesagt wird, *etwas für Israel zu tun*. Ich möchte wagen zu behaupten, dass die einzige Gruppe, die für diese Aufgabe qualifiziert ist, Christen sind. Wir sind diejenigen, die an die Bibel glauben, den Gott der Bibel ihren Gott nennen und die Gebote der Bibel als an sie gerichtet anerkennen. In Jesaja steht wie folgt:

> *Tröstet, tröstet mein Volk! spricht euer Gott.* (Jesaja 40,1)

Durch den Kontext wird klar, dass mit „mein Volk" das jüdische Volk gemeint ist.

> *Tröstet, tröstet mein Volk! spricht euer Gott. Redet zum Herzen Jerusalems, und rufet ihr zu, dass ihre Mühsal vollendet, dass ihre Schuld abgetragen ist, dass sie von der Hand des HERRN Zwiefältiges empfangen hat für alle ihre Sünden.* (Jesaja 40, 1-2)

Das ist zweifelsfrei eine tröstende Botschaft an das jüdische Volk. Es ist die Nachricht, dass sich ihre lange, lange Nacht des Leides endlich einem Ende neigt. Es ist die Nachricht, dass Jerusalem und ihre Nation wiederhergestellt werden wird. Dann fährt Jesaja fort:

> *Eine Stimme ruft: In der Wüste bahnt den Weg des HERRN! Ebnet in der Steppe eine Straße für unseren Gott!* (Jesaja 40,3)

Sie werden erkennen, dass diese Botschaft des Trostes an Israel auch dem Herrn den Weg bereitet. Israel zu trösten ist einer der Wege, wie wir den Weg für das Kommen des Herrn bereiten.

Ein wenig später in Jesaja 40 gibt uns Jesaja den Inhalt dieser Nachricht.

> *Das Gras ist verdorrt, die Blume ist verwelkt, denn der Hauch des HERRN hat sie angeweht. Fürwahr, das Volk ist Gras. Das Gras ist verdorrt, die Blume ist verwelkt.* (Jesaja 40, 7-8)

Welcher Trost ist in diesen Worten zu finden? Sie und ich würden zustimmen, dass sie wahr sind. Aber es sind keine Worte des Trostes. Trost liegt in dem nachstehenden finalen Satz:

Aber das Wort unseres Gottes besteht in Ewigkeit. (Jesaja 40,8)

Lassen Sie mich diese zwei Verse noch einmal lesen, im Licht der finalen Aussage.

Das Gras ist verdorrt, die Blume ist verwelkt, denn der Hauch des HERRN hat sie angeweht. Fürwahr, das Volk ist Gras. Das Gras ist verdorrt, die Blume ist verwelkt. Aber das Wort unseres Gottes besteht in Ewigkeit. (Jesaja 40,7-8)

Alles Fleischliche – alles materieller Natur – wird vergehen. Aber inmitten alldem gibt es eine Säule, die ewiglich und unverändert steht – das Wort unseres Gottes.

Warum ist das eine tröstende Botschaft für Israel? Weil es das Wort Gottes selbst ist, das ihre Wiederherstellung verheißt. Solange das Wort Gottes steht, hat Israel durch dieses Wort die Verheißung des Trostes.

Das Privileg

Ich hatte in den vergangenen Jahren das Privileg, zu Gruppen jüdischer Menschen in vielen Nationen, Synagogen und anderen Treffpunkten zu sprechen. Da ich selbst nicht jüdisch bin, bin ich Ihnen immer als Heide begegnet, der glaubt, dass Jesus der Messias ist. Ich habe versucht zu erklären, warum ich Hoffnung für das jüdische Volk habe – warum ich ihnen Worte des Trostes bieten kann.

Nachdem ich mich auf diese Weise vorstelle, erkläre ich, wie ich dazu kam, an die Bibel zu glauben – als Professor der Philosophie studierte ich die Bibel als Werk der Philosophie. Ich erzähle ihnen, dass ich darin dem Herrn begegnet bin und zu dem Glauben kam, dass die Bibel das eingehauchte Wort Gottes ist. Diese Aussage hat schon immer die Aufmerksamkeit der jüdischen Menschen angezogen, da sie eine akademische Ausbildung sehr respektieren.

Dann erkläre ich, dass ich während meines Studiums der Bibel die Verheißungen Gottes zur Wiederherstellung des jüdischen Volkes entdeckte. Normalerweise beende ich ein solches Gespräch mit dem Zitieren einiger dieser eindeutigen Prophetien über die Wiederherstellung Israels.

Hier ist eine erstaunliche Tatsache: Ich habe entdeckt, dass mindestens 80% der Juden, denen ich begegnet bin, diese Prophetien nicht kennen. Ihre eigenen Propheten sind ihnen nicht bekannt. Oftmals kommt im Anschluss eine Vielzahl jüdischer Menschen zu mir und sagt: „Ich wusste nicht, dass das in der Bibel steht. Wo steht es? Können Sie mir sagen, wo es zu finden ist?" Was für ein Privileg wir haben! Das Privileg, dem jüdischen Volk von der guten Nachricht der verheißenen Wiederherstellung Israels zu erzählen! Wir können sie trösten und den Weg für die Wiederkehr des Messias bereiten.

Die Zeit der Barmherzigkeit und Gunst

Wenn wir nun diesen Teil abschließen, möchte ich nur eines der wertvollen Ermutigungsworte teilen. Es steht in Psalm 102:

Du aber, HERR, bleibst auf ewig, dein Lob von Generation zu Generation. Du wirst aufstehen, wirst dich Zions erbarmen. Denn es ist Zeit, ihn zu begnadigen, denn gekommen ist die bestimmte Zeit.   (Psalm 102,13-14)

Wenn ich diese Schriftstelle zitiere, sage ich dem jüdischen Volk, dass es in Gottes prophetischem Kalender eine festgelegte Zeit geben wird, wenn Er Zion aufstellen und ihnen Gnade schenken wird, dem jüdischen Volk und ihrem Land. Dann sage ich ihnen: „Diese Zeit ist jetzt. Wir leben in dieser Zeit. Gott wird euch Barmherzigkeit und Gunst zeigen. Er wird euch wiederherstellen."

Sie sehen, wenn wir dem jüdischen Volk diese Nachricht bringen, können wir etwas Wundervolles für uns selbst tun. Wir können damit anfangen, einen Teil der immensen, unbegreiflichen Schuld, die wir ihnen schulden, zurückzuzahlen.

Lassen Sie mich mit diesen Gedanken zum Schluss kommen. Ist Ihnen bewusst, welches geistliche Erbe wir Christen ohne das jüdische Volk hätten? Wir hätten keine Patriarchen, Propheten oder Apostel, keine Bibel und keinen Erretter. Kein Wunder, dass Jesus sagte: „Errettung kommt von den Juden." Lieber Leser, es ist an der Zeit, dass wir beginnen, diese Schuld zurückzuzahlen. Es ist an der Zeit, das Herz Israels auf die Wiederkehr des Messias vorzubereiten.

Über den Autor

Derek Prince (1915–2003) wurde als Sohn britischer Eltern in Indien geboren. Er erhielt eine humanistische Ausbildung mit Griechisch und Latein am Eton College und am King's College, Cambridge, in England. Nach seiner Promotion erhielt er ein Fachlektorat (vergleichbar mit einer Professur) in Antiker und Moderner Philosophie am King's College. Prince studierte ferner Hebräisch, Aramäisch und moderne Sprachen in Cambridge und an der Hebrew University in Jerusalem. Als Student war er ein Philosoph und selbsternannter Agnostiker.

Als er während des 2. Weltkrieges im Britischen Sanitätsdienst war, begann Prince die Bibel als „ein philosophisches Werk" zu studieren. Bekehrt durch eine machtvolle Begegnung mit Jesus Christus, wurde er ein paar Tage später im Heiligen Geist getauft. Auf Grund dieser Begegnung kam er zu zwei Schlussfolgerungen: Erstens, dass Jesus Christus lebt; zweitens, dass die Bibel ein wahres, relevantes und aktuelles Buch ist. Diese Schlussfolgerungen veränderten sein gesamtes Leben, das er von da an dem Studieren und Lehren der Bibel als dem Wort Gottes widmete.

Als er 1945 in Jerusalem aus dem Militärdienst entlassen wurde, heiratete er Lydia Christensen, die dort Gründerin eines Kinderheims war. Durch ihre Heirat wurde er damit augenblicklich Vater ihrer acht Adoptivtöchter, von denen sechs jüdischer, eines palästinensisch-arabischer und eines englischer Abstammung waren. Gemeinsam erlebte die Familie die Wiedergeburt des Staates Israel 1948. In den späten 1950-iger Jahren adoptierten sie eine weitere Tochter als Prince als Leiter einer pädagogischen Hochschule in Kenia tätig war.

1963 wanderte die Familie Prince in die Vereinigten Staaten aus und er wurde Pastor einer Gemeinde in Seattle. Im Jahr 1973 wurde Prince einer der Gründer von „Intercessors for America". Sein Buch **Shaping History through Prayer and Fasting** (deutscher Titel: **Die Waffe des Betens und Fastens)** machte vielen Christen weltweit ihre Verantwortung bewusst, für ihre Regierungen zu beten. Viele sind der Meinung, dass die Untergrundübersetzungen dieses Buches maßgeblich zum Zusammenbruch der kommunistischen Regime in der UdSSR, Ostdeutschland und in der Tschechoslowakei beigetragen haben.

Lydia Prince starb 1975 und Prince heiratete Ruth Baker (eine alleinstehende Frau mit drei adoptierten Kindern) 1978. Wie schon seine erste Frau traf er seine zweite Frau, als sie dem Herrn in Jerusalem diente. Ruth starb im Dezember 1998 in Jerusalem, wo sie seit 1981 gelebt hatten.

Bis wenige Jahre vor seinem eigenen Tod in 2003 im Alter von 88 Jahren, fuhr Prince unbeirrt mit dem Dienst, zu dem Gott ihn berufen hatte, fort, indem er um die Welt reiste, um Gottes offenbarte Wahrheiten zu vermitteln, für die Kranken und Leidenden zu beten und um seine prophetischen Eindrücke über Weltereignisse im Licht der Bibel zu teilen. Er ist international als Bibellehrer und geistiger Patriarch anerkannt, Derek Prince hat einen Lehrdienst gegründet, der sechs Kontinente umfasst und über 60 Jahre andauert. Er ist der Autor von mehr als 60 Büchern, 600 Audio- und 100 Videobotschaften, von denen viele in über 100 Sprachen übersetzt und veröffentlicht worden sind. Er war ein Vorreiter bei der Lehre solch bahnbrechender Themen wie Generationsflüche, der biblischen Bedeutung Israels und der Dämonenlehre.

Die Radiosendungen von Prince, mit denen er 1979 begann, wurden in mehr als ein Dutzend Sprachen übersetzt und berühren auch heute noch Leben. Dereks Hauptbegabung, nämlich die Bibel und ihre Lehren auf eine klare und einfache Weise zu erklären, half dabei, ein Fundament des Glaubens im Leben von Millionen aufzubauen. Seine nicht konfessionsgebundene Vorgehensweise machte seine Lehre für Menschen aller radikalen und religiösen Hintergründe gleichermaßen relevant und hilfreich und es wird geschätzt, dass seine Lehren mehr als den halben Globus erreicht haben.

Im Jahr 2002 sagte er: „Es ist mein Wunsch – und ich glaube es ist Gottes Wunsch – dass dieser Dienst die Arbeit fortsetzt, die Gott durch mich vor über 60 Jahren begonnen hat, bis Jesus wiederkommt."

Derek Prince Ministries International erreicht weiterhin Gläubige in über 140 Ländern mit Dereks Lehrmaterial und erfüllt damit den Auftrag, weiterzumachen, „bis Jesus wiederkommt." Dies wird durch den Einsatz von mehr als 30 Derek Prince Büros weltweit, einschließlich Primärdiensten in Australien, Kanada, China, Frankreich, Deutschland, den Niederlanden, Neuseeland, Norwegen, Russland, Südafrika, der Schweiz, dem Vereinigten Königreich und den Vereinigten Staaten erreicht. Für aktuelle Informationen über diese und andere Standorte weltweit besuchen Sie bitte www.derekprince.org.

DEREK PRINCE
Die Biographie

In der Bibel redete Gott nicht nur durch die Lehren bestimmter Menschen, sondern auch durch ihr Leben, ihre Erfahrungen, die Einzelheiten ihres Werdegangs. Das gilt auch für Derek Prince. In sechzig Dienstjahren als Lehrer der Heiligen Schrift hat seine Art, die Wahrheiten der Bibel klar, ausgewogen und leicht verständlich zu vermitteln, und die Lektionen, die er in seinem Leben und Leiden gelernt hat, Millionen von Menschen in aller Welt zu einem tieferen Verständnis und zum praktischen Umsetzen von Gottes Wort im Alltag verholfen.

Derek Prince gehörte in Cambridge zu einer Vereinigung, welche die 12 begabtesten Studenten der Elite-Universität miteinander vernetzen sollte. Die entscheidende Schlacht von El Alamein in Nordafrika erlebte er ebenso mit wie die Geburt des modernen Israel. Nicht nur in Bezug auf Lehre und Theologie ist sein Leben überreich, sondern auch in Bezug auf persönliche Erfahrungen und erlebter Geschichte.

Diese Darstellung des Lebens einer der großen Lehrer der Gemeinde Jesu im zwanzigsten Jahrhundert ist beeindruckend und eine Erbauung für jeden Leser. Autor dieser beeindruckenden Biographie ist Stephen Mansfield, der u. a. den Bestseller *„The Faith of George W. Bush"* und ein ausgezeichnetes Buch über Winston Churchill verfasst hat.

Gebunden, 384 S. | Bestell-Nr.: B63GE

DEREK PRINCE

Prophetischer Leitfaden für die Endzeit

Das große Verlangen, wissen zu wollen, was die Zukunft für uns bereithält, ist Teil der menschlichen DNA. In der Regel wird versucht, durch spirituelle Methoden, die unseren Verstand oder unsere physischen Fähigkeiten übersteigen, an diese Erkenntnisse zu gelangen – Methoden wie z.B. Astrologie, Orakelsprüche, Wahrsagerei und verschiedene Formen der Mystik. Diese Versuche haben sich jedoch als trügerisch und irreführend erwiesen.

Es bleibt aber eine andere Quelle, der wir uns mit absoluter Sicherheit und Zuversicht zuwenden können. Diese Quelle ist die Bibel, das Wort Gottes. In ihren Seiten finden wir die prophetischen Einblicke, nach denen wir verlangen. Dort schenkt Gott Seinen Kindern Einblick in das „Gesamtbild" – den „Masterplan" – das Gegenwärtige und das Zukünftige.

Zuallererst müssen wir verstehen, dass die Bibel denen ein Licht ist, die sie erforschen und ihr gehorchen. Derek Prince lädt Sie durch dieses Buch auf eine Entdeckungsreise durch die Heilige Schrift ein.

Pb, 224 S. | Bestell–Nr.: B93GE

DEREK PRINCE
Für's Leben
verändert

Damals, als Philosoph, stellte Derek Prince einfache Dinge sehr kompliziert dar. Nun ist er weltweit anerkannt – und auch weltweit beliebt – für seine klare, leichtverständliche und nachvollziehbarer Art, die Wahrheiten der Bibel für jedermann zugänglich zu machen. Die Bibellehre von Derek Prince hilft Menschen wie Ihnen und mir, unseren Glauben im Alltag praktisch umzusetzen!

Derek sagt selbst dazu: „Gottes Wort ist sehr bodenständig und praxisorientiert; ja, ich würde sogar so weit gehen zu sagen: Wenn etwas nicht einfach ist, dann macht es mich in aller Regel ein wenig misstrauisch! Die in diesem Buch zusammengestellten Botschaften haben mehr als alle anderen mein Leben verändert und sind extrem praxisbezogen."

Lassen Sie sich von Derek Prince in ein neues biblisches Verständnis von Gott als Vater, Erlöser und Heiler hineinführen. Mit Hilfe dieses Buches können auch Sie durch Gottes mächtiges Wort nachhaltig „Für's Leben verändert" werden – und zwar zum Guten!

Pb, 264 S. | Bestell-Nr.: B48GE

DEREK PRINCE

Gottes Verheißung göttlicher Versorgung

Unser Gott ist der Gott der Fülle. Er ist nicht arm, Er ist nicht geizig, Er ist in keinster Weise begrenzt. Doch haben wir oft das Gefühl, dass der Segen Gottes an uns vorbei geht und wir darum kämpfen müssen, um gerade noch genug zu haben.

Das Problem ist, dass uns die biblische Erkenntnis fehlt, die notwendig wäre, Gottes Fürsorge in Anspruch zu nehmen.

In diesem Buch gibt Derek Prince klare biblische Anweisung dazu, wie Sie in den Genuss Ihres Erbes – in Bezug auf Gottes Fürsorge – eintreten können. Außerdem lernen Sie:

- wie Sie von einem Geist der Armut frei werden können

- fünf Prinzipien, um in Gottes Fülle zu leben

- praktische Schritte zu einem dauerhaften Leben in Überfluss und wie Sie andere Menschen dadurch segnen können

- und noch Vieles mehr!

Gott möchte, dass Sie in jedem Bereich Ihres Lebens fruchtbar sind.

Pb, 230 S. | Bestell-Nr.: B99GE

Videobotschaften von Derek Prince:

Zum weiterführenden Selbststudium hervorragend geeignet:

Dem Vater wohlgefällig sein

Christsein ganz anders! Nicht Regeln, nicht das Gesetz, sondern die einzigartige, innige Beziehung zu Gott als Vater ist Sinn und Zweck des Erlösungswerks Christi am Kreuz von Golgatha.

DVD | Bestell-Nr.: DV9089GE

Mach Dich eins mit Gottes Zielen

„Dein Wille geschehe ..." Wenn wir uns mit Gottes Absichten eins machen, ist unser Erfolg garantiert! Aber was bedeutet das praktisch gesehen? Derek bietet eine klare, biblisch fundierte Antwort!

DVD | Bestell-Nr.: DV9133GE

Durch die Zusendung des nebenstehenden Antwortcoupons können Sie:

1. Kostenlos die Audiobotschaft *Am Ende der Zeit* bestellen.
2. Unseren kostenlosen Gesamtkatalog bzw. weitere Informationen über den Dienst von IBL erhalten.

Die kostenlose Ergänzung
zu diesem Buch

Am Ende der Zeit

Heutzutage befassen sich Christen oft nur damit, was Gott für sie in diesem Leben tun wird. Doch dies ist nur ein winziger Bruchteil dessen, was Gott für uns vorgesehen hat. In dieser Lehrbotschaft bereitet Derek Prince Sie auf die Ewigkeit, das Reich der Existenz Gottes, vor.

☐ Ja, ich hätte gerne kostenlos die Audio-Botschaft **"Am Ende der Zeit" als CD**

(Eine Spende zur Deckung der Kosten ist willkommen, aber nicht notwendig)

Name: _____

Straße: _____

PLZ/Ort: _____

Tel:/Fax: _____

Coupon einfach abtrennen und uns in einem Umschlag per Post zuschicken.

Entsprechende IBL-Anschrift sowie Ihren Namen und Ihre Anschrift bitte nicht vergessen.

B130GE Sehnsucht nach Seiner Wiederkunft (4167GE)

Bitte übersenden Sie mir:

☐ den deutschen Gesamtkatalog

☐ den englischen Gesamtkatalog
(Schutzgebühr 2,00 € / CHF 3,00)

☐ Informationen über Material in der/den folgenden Fremdsprache(n):

_____

_____

☐ Ihren aktuellen Missionsbrief

☐ Ihre aktuelle Botschaft des Monats als CD auf

☐ Deutsch   ☐ Englisch

zum Kennenlernen.

(Preis je Botschaft: 4,95 € / CHF 8,00)

A N T W O R T

IBL-

_____

_____

_____

(IBL-Anschriften siehe links)

IBL-Deutschland
Söldenhofstr. 10
D-83308 Trostberg
E-Mail: ibl@ibl-dpm.net

IBL-DPM Schweiz
Alpenblick 8
CH-8934 Knonau
E-Mail: dpm-ch@ibl-dpm.net